DE L'ÉDUCATION

DES

VERS A SOIE.

OUVRAGES DE L'AUTEUR, QUI SE TROUVENT CHEZ LES MÊMES LIBRAIRES.

Le produit en est destiné à des prix d'encouragement pour les cultivateurs.

DE LA CULTURE DES MURIERS; Mémoire pour lequel le département du Rhône a décerné une médaille d'or à l'auteur. 2e. édition. Paris, 1824, in-8°., fig. Prix.......... 1 f. 25 c. et 1 f. 50 c.

OBSERVATIONS SUR PLUSIEURS VARIÉTÉS DE VERS A SOIE. Turin, 1825, in-8°. (en italien).................... 50 c. et 60 c.

RECHERCHES SUR LES MOYENS DE REMPLACER LA FEUILLE DU MURIER PAR UNE AUTRE SUBSTANCE PROPRE AU VER A SOIE, ET DE L'EMPLOI DU RÉSIDU DES COCONS COMME ENGRAIS. Paris, 1826, in-8°. Prix.................... 75 c.

MÉMOIRE SUR UNE ÉDUCATION DE VERS A SOIE, OU JOURNAL D'UNE MAGNANERIE. 3e. édition. Paris, 1826, in-8°. Prix.. 75 c.

(On trouve aussi les Ouvrages ci-dessus chez MM. Audibert frères, Propriétaires de l'Etablissement agricole de Tonelle, département des Bouches-du-Rhône.)

IMPRIMERIE
DE MADAME HUZARD (NÉE VALLAT LA CHAPELLE),
rue de l'Éperon, n°. 7.

DE L'ÉDUCATION

DES

VERS A SOIE,

D'APRÈS

La Méthode du Comte Dandolo;

PAR MATTHIEU BONAFOUS,

DIRECTEUR DU JARDIN ROYAL D'AGRICULTURE DE TURIN; DES ACADÉMIES DE LYON ET DE MARSEILLE, DE LA SOCIÉTÉ ROYALE ET CENTRALE D'AGRICULTURE ET DE LA SOCIÉTÉ PHILOMATIQUE DE PARIS, ETC.

Faciles hic discite cultus.
VIDA, *de Bombyce.*

Ouvrage distribué aux Cultivateurs des départemens méridionaux par ordre de S. E. le Ministre de l'intérieur.

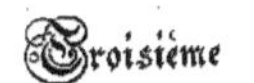 

Troisième Édition.

A PARIS,

CHEZ
Mme. HUZARD (née VALLAT LA CHAPELLE), LIBRAIRE, rue de l'Éperon, n°. 7.

A LYON,

BARRET, LIBRAIRE, place des Terreaux, n°s. 19 et 20;
BOHAIRE, LIBRAIRE, Rue Puits-Gaillot, n°. 9.

1827.

A

Mon vénérable Ami,

Le Docteur Balbis,

Professeur émérite de l'Université de Turin, Directeur du Jardin botanique de Lyon, &c., &c.

TABLE DES MATIÈRES.

AVANT-PROPOS.

L'INSECTE admirable qui file la soie était élevé, chez les Chinois, dès la plus haute antiquité, lorsque deux pauvres religieux, revenant des Indes à Constantinople, apportèrent des œufs de cet insecte dans des tiges de bambou. Justinien régnait alors; il encouragea une industrie, qui devint la principale richesse de l'empire d'Orient, et qui, selon la remarque de Montesquieu, retarda la chute du trône de Constantin.

Des rives du Bosphore, les vers à soie se répandent dans le Péloponèse, auquel le grand nombre de mûriers qui ombragèrent son territoire fit donner le nom de Morée, qu'il porte encore. Les Maures les introduisirent en Espagne; Roger, roi de Sicile, à Palerme et dans la Calabre; enfin, au quinzième siècle, ils furent apportés en France par quelques gentilshommes qui avaient suivi Charles VIII dans les guerres d'Italie. Cette conquête, plus utile à leur patrie que celle que ce prince avait faite du royaume de Naples, devint la source d'une des branches les plus productives de notre commerce, et la soie, qui auparavant se payait au poids de l'or, est aujourd'hui si répandue, qu'une livre de cette matière vaut à-peu-près cinq fois moins que l'argent.

Mais au lieu de gouverner les vers à soie d'après une méthode fondée sur des principes, on a suivi par-tout une pratique aveugle, qui, en se transmettant de siècle en siècle, a privé les agriculteurs de ressources, nous dirons même de trésors qui se trouvaient à leur portée.

Il est vrai que plusieurs savans agronomes, entre lesquels on distingue Olivier de Serres, l'abbé de Sauvages et l'illustre Rozier, travaillèrent au perfectionnement de cette partie importante de notre agriculture; cependant leurs écrits, pleins de vues si sages, ne renferment point des méthodes qui garantissent aux cultivateurs un succès infaillible.

Le comte Dandolo (1) est sans contredit le premier qui ait fait faire de véritables progrès à cet art, et qui lui ait donné une forme régulière et systématique.

Après avoir approfondi les différentes méthodes en usage avant lui, il s'est assuré que les mauvaises récoltes de soie provenaient uniquement de l'éducation imparfaite des chenilles, et cet agronome a substitué aux pratiques vicieuses celles dont les avantages lui ont été démontrés par une expérience raisonnée. En donnant à l'Italie le résultat de ses recherches

---

(1) Vincent Dandolo, ancien administrateur général de la Dalmatie, membre de l'Institut de Milan, l'un des quarante de la Société italienne, est un des hommes dont s'honore le plus l'Italie moderne : né à Venise en 1758, il mourut, le 12 décembre 1819, à Varèse, petite ville de la Lombardie, où il goûtait, depuis plusieurs années, les douceurs de la vie privée.

C'est là que Dandolo, célèbre par ses travaux dans la chimie et dans l'économie rurale, avait fait ses nombreux essais sur les vers à soie, et qu'il avait établi non-seulement ses grands ateliers, que les Italiens ont, par reconnaissance, appelés *Dandolières*, mais encore une école-pratique, d'où sortaient chaque année un grand nombre d'éducateurs, qui ont propagé ses méthodes.

et de ses observations, il a fait connaître les moyens les plus simples et les moins dispendieux pour obtenir la plus grande quantité de bonne soie avec la moindre quantité possible de feuilles.

C'est chez ce savant praticien, le Parmentier de l'Italie, que nous avons puisé en grande partie les principes, les procédés et les règles que nous recommandons dans le cours de cet ouvrage, après en avoir constaté les résultats par nos propres expériences.

Notre tâche sera remplie si les efforts que nous faisons assurent aux cultivateurs une constante prospérité.

DE L'ÉDUCATION

DES

VERS A SOIE.

CHAPITRE PREMIER.

DES VERS A SOIE. — NOTIONS PRÉLIMINAIRES.

Le ver à soie (*bombyx mori,* Fab.), comme toutes les chenilles, est soumis à plusieurs changemens : le premier a lieu par le passage de l'état d'embryon à l'état de chenille; le second est le passage de l'état de chenille à celui de chrysalide dans le cocon qu'elle a formé; le troisième enfin est la transformation de la chrysalide en papillon.

Aussitôt que ces métamorphoses se sont opérées, les papillons mâles s'accouplent avec les femelles, et celles-ci, peu de temps après, déposent leurs œufs. De l'œuf éclôt une chenille, composée de douze articulations, et ayant de chaque côté neuf petites ouvertures, que l'on nomme *stigmates,* organes de la respiration. Sa peau, velue à sa naissance, devient rase; sa couleur est d'un blanc sale ou jaunâtre; elle a seize pattes : les six premières, écailleuses, sont fixées sous les trois premiers anneaux, et les dix autres, attachées à la partie postérieure du corps, sont membraneuses, et se gonflent ou s'aplatissent au gré de la chenille. La tête est écailleuse et armée de deux mâchoires faites en scie, qui se meuvent horizontalement; sous ces mâchoires se trouve placée une filière, laquelle communique intérieurement avec deux petits vaisseaux qui contiennent la soie à l'état de fluide. Derrière la tête on aperçoit des rides nombreuses; et l'on remarque, sur le dernier anneau du corps, un petit tubercule charnu.

La chaleur propre du ver à soie est, comme celle des autres animaux à sang froid, à-peu-près égale à celle de la température de l'air au milieu duquel il respire.

Un caractère également particulier aux autres chenilles, c'est de changer de peau plusieurs fois avant de passer à l'état de chrysalide ou nymphe. Les vers à soie en changent quatre fois, et ces changemens de peau s'appellent *mues*. Une peau seule, chez un insecte qui, en peu de temps, augmente mille fois de poids et de volume, aurait difficilement pu se distendre au point de l'envelopper entièrement.

Les rudimens de toutes ces peaux sont étendus sur le corps du ver à soie, et l'insecte, croissant plus que la peau, ne peut se distendre; la première peau tombe et est remplacée par la seconde, plus molle et de couleur plus pâle; celle-ci se détache de la même façon, fait place à la troisième, et ainsi de suite.

Lorsque l'époque de la mue approche, le ver à soie mange peu, et par l'effet de la diète et de ses pertes excrémenteuses, il s'amincit et se dépouille avec moins de peine; il verse des baves de soie qu'il fixe sur les corps solides qui l'entourent, afin que sa peau soit retenue lorsqu'il fera des efforts pour la quitter : cette opération faite, il demeure plus ou moins immobile, et ensuite agite vivement la tête. De cette manière, l'écaille qui la couvre, poussée en avant par celle qui s'est formée dessous, est la première pièce qui se détache. Alors le ver à soie fait ses efforts pour s'avancer à travers l'ouverture du premier anneau, qui est plus étroit que les autres; il met en liberté les deux premières pattes, et à force de mouvemens vermiculaires, il se débarrasse de son fourreau. La chenille éprouve une crise qui lui est favorable : il sort de la superficie de son corps une liqueur qui se répand entre l'ancienne et la nouvelle peau et en facilite la séparation.

Pendant les deux premiers jours après la mue, le ver à soie est dans un état de langueur : il a peu d'appétit; mais ensuite il devient extrêmement avide, et sa faim ne se ralentit et ne cesse que lorsqu'il va subir une autre mue.

La dernière mue, visible à nos yeux, étant terminée, le ver à soie dévore une quantité prodigieuse de feuilles; et lorsqu'il est parvenu à son plus grand degré d'accroissement, son appétit décline encore et l'abandonne tout-à-fait; il cherche à changer de place, à s'isoler, et à se mettre en repos; il se vide de toutes ses matières excrémenteuses, et il ne reste en lui que la substance animale.

Lorsque la chenille est réduite à cet état, sa peau se contracte, et cette contraction l'aide à filer ou à faire en sorte qu'elle puisse verser aisément la soie contenue dans ses vaisseaux.

Alors la formation de la chrysalide se prépare, et elle s'accomplit lorsque la soie est toute versée, et que la dépouille ridée du ver à soie se sépare dans l'intérieur du cocon.

Le changement de la chrysalide en papillon, ou animal parfait, a lieu dans une espèce d'enveloppe renfermée dans le cocon; la nymphe, métamorphosée en papillon, déchire cette enveloppe, ainsi que le cocon, et abandonne les deux dépouilles dont elle était revêtue. A peine sortis du cocon, les papillons mâles fécondent les femelles, et, après la ponte des œufs, les uns et les autres meurent en peu de temps sans avoir pris aucune nourriture.

Une qualité des vers à soie, précieuse pour nous, est l'instinct qui les porte à ne jamais abandonner l'endroit où on les a déposés; ils ne sont errans qu'au moment de leur naissance, et ensuite lorsqu'ils ressentent le besoin de verser leur soie, ou qu'ils se trouvent atteints de maladie.

On désigne sous le nom d'*âges* l'intervalle qu'on observe entre les mues et entre le passage de l'insecte d'un état à un autre.

Le premier âge commence à la naissance des vers à soie et se termine avec leur premier sommeil, ou première mue.

Le second âge dure depuis le réveil jusqu'au second sommeil.

Les troisième et quatrième âges se mesurent de la même manière.

Après la quatrième mue commence le cinquième âge, dans lequel on distingue deux périodes.

La première comprend le temps qui s'écoule depuis le réveil des vers jusqu'à leur parfaite maturité ;

La seconde, depuis la maturité jusqu'à la formation du cocon et au changement de la chenille en chrysalide.

Le sixième âge comprend le temps que l'animal reste à l'état de chrysalide.

Le septième et dernier âge embrasse la vie du papillon.

Il existe une variété de vers à soie de trois mues, et qui par conséquent ne comptent que six âges. (Chap. XIV.)

Le temps que le ver à soie emploie, dans nos climats, à parcourir ces différentes périodes est à-peu-près de soixante jours, plus ou moins suivant le degré de chaleur dans lequel il vit ; plus la chaleur est grande, plus ses besoins sont vifs et ses plaisirs rapides ; il parcourt et dévore plus tôt sa vie.

CHAPITRE II.

DE LA NOURRITURE DES VERS A SOIE.

La feuille du mûrier blanc ou noir est le seul aliment qui convienne parfaitement au ver à soie ; mais il est reconnu que la feuille du mûrier blanc (*morus alba,* Lin.), plus précoce, plus abondante et plus délicate que celle du mûrier noir (*morus nigra,* Lin.), produit une soie qui est généralement préférée (1).

(1) Voyez le Mémoire de l'Auteur, inséré dans ceux de la Société royale et centrale d'Agriculture de l'année 1826, sous

On distingue dans la feuille du mûrier cinq substances différentes : 1°. le parenchyme solide ou substance fibreuse, 2°. la matière colorante, 3°. l'eau, 4°. la substance sucrée, 5°. la substance résineuse. La substance fibreuse, la matière colorante et l'eau, moins celle qui devient partie intégrante de l'animal, ne sont point proprement des substances nutritives pour le ver à soie. La substance sucrée est celle qui nourrit le ver, le fait croître et se convertit en substance animale. La substance résineuse est celle qui se sépare insensiblement de la feuille, et qui, attirée par l'organisme animal, s'accumule, s'épure et emplit les deux petits réservoirs de la chenille. D'après cela, la variété du mûrier dont les feuilles donnent une plus grande proportion de principes sucrés et de substance résineuse sous un moindre volume de parenchyme fournira la meilleure nourriture qu'on puisse donner aux vers à soie (1).

Dans les deux premiers âges du ver à soie, il est essentiel que la feuille soit cueillie sur de jeunes mûriers. Un beau vert est toujours l'indice d'une bonne feuille.

La feuille recouverte d'une substance visqueuse, connue sous le nom de *miellée*, est toujours funeste au ver à soie. On ne doit l'employer qu'à défaut de toute autre, après l'avoir lavée et soigneusement essuyée.

---

le titre de *Recherches sur les moyens de remplacer la feuille du mûrier par une autre substance*, etc.

(1) L'analyse chimique que l'Auteur a faite de la feuille du mûrier blanc se trouve consignée dans le Mémoire cité ci-dessus, page 12 du tirage à part.

La feuille tachée de rouille ne fait aucun mal à cet insecte; il évite la partie rouillée et ne ronge que celle qui est saine; il lui faut donc une plus grande quantité de cette feuille, pour qu'il ait moins de peine à prendre sa nourriture.

La feuille mouillée par la pluie ou la rosée est toujours pernicieuse; il vaut mieux faire jeûner les vers pendant quelques heures, que de les nourrir avec cette feuille, sur-tout lorsqu'ils sont faibles ou que l'époque de leur mue approche.

On doit toujours tenir en réserve une certaine quantité de feuilles cueillies pour le besoin journalier des vers à soie.

Lorsque des pluies longues et sans intervalle obligent de cueillir les feuilles mouillées, nous conseillons de les faire sécher de la manière suivante :

On porte la feuille à l'entrepôt, on la dépose sur un pavé de briques, ou sur un sol quelconque très-propre; on l'étend avec des fourches de bois; on la jette en l'air; on la tourne dans tous les sens à l'aide de râteaux, et on la pousse sur une autre partie du sol qui soit parfaitement sèche, afin que toute l'humidité qu'elle conserve puisse se dissiper.

Lorsqu'il y a une grande quantité de feuilles à sécher, on les entasse et on les presse pour qu'elles se réchauffent; ensuite on les étend, afin que la chaleur qu'elles ont acquise fasse évaporer l'humidité qui reste encore. S'il n'y a qu'une petite quantité de feuilles, on prend une toile et on met dessus quinze à vingt livres de feuilles; on plie cette toile en double dans sa longueur en forme d'un grand sac, et deux personnes, tènant ses deux extrémités, font remuer la feuille, qui sèche dans peu de minutes.

On peut aussi faire sécher la feuille en la plaçant autour d'un gros feu de paille ; on la tourne dans tous les sens, et on la rend aussi sèche que si elle eût été cueillie par une belle journée.

Si la feuille n'était mouillée que par la rosée, il suffirait de se servir d'une toile, comme nous l'avons conseillé plus haut.

Il est démontré, par des expériences exactes, que les vers à soie provenant d'une once d'œufs consomment quinze quintaux quatre-vingt-huit livres et douze onces de feuilles (poids de marc); mais comme la feuille perd de son poids par l'évaporation et l'épluchement, il en faut une quantité de dix-huit quintaux quatre-vingts livres, tirée de l'arbre et partagée comme ci-après :

Premier âge, feuilles bien mondées et coupées très-menu.	7 liv.
Deuxième âge, feuilles mondées et coupées menu.	21 »
Troisième âge, feuilles mondées et médiocrement coupées.	69 ¾
Quatrième âge, feuilles médiocrement mondées et coupées grossièrement dans les trois ou quatre premiers jours après la troisième mue, et quand les vers com-	
A reporter.	97 ¾

	liv.
Ci-contre.	97 $\frac{3}{4}$
mencent à dormir la quatrième fois. . .	210 »
Cinquième âge, feuilles mondées grossièrement.	1,281 »
Total de la feuille mondée. .	1,588 $\frac{3}{4}$

Diminution de poids que la feuille a subie en la mondant :

	liv.	
Premier âge.	1 $\frac{1}{2}$	169 $\frac{3}{4}$
Deuxième âge.	3 $\frac{3}{4}$	
Troisième âge.	11 $\frac{1}{4}$	
Quatrième âge.	32 $\frac{1}{4}$	
Cinquième âge.	121 »	

Perte en évaporation pendant toute l'éducation des vers à soie.	121 $\frac{1}{2}$
Totalité de la feuille tirée de l'arbre. . .	1,880 »

La feuille mondée que le ver à soie mange est, en raison du poids des œufs dont il est né, dans la proportion qui suit :

Dans le premier âge, le ver à soie mange en feuilles mondées cent et douze fois le poids des œufs que l'on a fait éclore.	112
Dans le deuxième âge.	336
Dans le troisième âge.	1,120
Dans le quatrième âge.	3,360
Dans le cinquième âge.	20,296

D'après cette base, tout le monde peut faire, par approximation, le calcul de la feuille qu'une quantité donnée de vers à soie doit consommer dans le cours de l'éducation.

Dans les deux premiers âges, on met plus de soin à monder la feuille, en ôtant tous les petits rameaux, les bourgeons et les pétioles des feuilles, pour qu'il n'y ait rien d'inutile à la nourriture des vers à soie.

Dans le troisième âge, on monde la feuille avec moins de soin, et moins encore dans le quatrième et le cinquième âge. Il est indifférent de laisser ou d'ôter les bourgeons dans les derniers âges, parce que l'animal ne les ronge pas.

On doit observer que l'on peut avoir besoin d'une quantité de feuilles plus grande que celle que nous avons indiquée, lorsque les vers à soie naissent dans une saison défavorable et qui aurait retardé le développement du mûrier; de même que la quantité indiquée peut excéder le besoin des vers à soie lorsque, par l'effet d'une saison propice, la feuille est moins aqueuse et par conséquent plus nourrissante.

Ces proportions sont établies sur le cours ordinaire des saisons, et dans la supposition que les trois quarts des chenilles provenant d'une once d'œufs parviennent à leur maturité.

Lorsque le ver à soie n'a que la feuille dont il a besoin, il la mange avec appétit, la digère facilement et conserve toute sa vigueur.

Hormis les exceptions dont nous parlerons plus tard, on divise la nourriture des vers à soie en quatre repas par jour. En général, on ne doit pas donner à manger aux vers à soie avant qu'ils aient consommé toute la feuille qu'on leur a déjà distribuée; et à cet égard, le bon sens doit prescrire à l'éducateur soigneux tout ce qu'il n'est pas possible de déterminer. Il ne saurait assez se pénétrer que, dans l'art de gouverner les vers à soie, on doit s'appliquer essentiellement à obtenir, avec la moindre quantité de feuilles, la plus grande quantité possible de bons cocons.

Sans peser chaque fois la feuille, il est un moyen sûr de régler la nourriture des vers à soie, sur-tout lorsqu'ils sont gros, c'est de ne donner une nouvelle feuille qu'une heure ou une heure et demie après qu'ils ont mangé totalement la précédente et qu'il n'en reste que les nervures. Mais on ne donnera la feuille aux vers à soie que sept à huit heures au moins après l'avoir cueillie; il est même important, dans les derniers âges, de la ramasser un, deux et même trois jours avant de l'employer. La feuille se conserve facilement trois ou quatre jours sans qu'elle se flétrisse, si elle n'est pas trop entassée, et si on a soin de la remuer de temps en temps.

Le meilleur local pour bien conserver la feuille est un magasin, une cave, ou une chambre au rez-de-chaussée, fraîche, légèrement humide et fermée de manière à ce que la lumière ni l'air extérieur ne puissent, pour ainsi dire, y pénétrer.

Si la feuille est trop chaude lorsqu'elle arrive au dépôt, il faut ouvrir la fenêtre du côté où il y a le plus de fraîcheur, remuer les feuilles, les éparpiller plusieurs fois pour les amener à la température locale, et il suffit ensuite de tenir le dépôt bien fermé.

Enfin nous ferons connaître une échelle-brouette que nous avons construite pour la cueillette de la feuille. (Voyez *Pl. I.*) Elle se compose de deux parties : la première est une brouette, dont les bras, longs de sept à huit pieds, sont droits, dépassent un peu la roue en avant, et sont réunis par quatre échelons ; les montans, prolongés et longs d'environ six pieds, sont traversés par le quatrième échelon de la brouette et ont un mouvement autour de lui. Étant fermée, la machine fait le service d'une brouette, à l'aide de laquelle un seul homme peut transporter plusieurs sacs de feuilles ; à moitié déployée, elle forme une double échelle, dont l'écartement des bras assure la solidité : elle convient alors pour les jeunes arbres, contre lesquels on ne doit jamais appuyer les échelles. Déployée entièrement, elle présente une échelle simple, solide et légère, longue de douze à treize pieds.

CHAPITRE III.

DES TEMPÉRATURES CONVENABLES AUX VERS A SOIE, DE L'UTILITÉ DU THERMOMÈTRE, ET DESCRIPTION D'UN THERMOMÉTROGRAPHE.

Un des principaux fondemens de l'art d'élever le ver à soie est de connaître et de fixer avec précision les diverses températures dans lesquelles il doit vivre, selon ses différens âges. Il a besoin de moins de chaleur à mesure qu'il se développe et qu'il acquiert plus de force.

Les degrés de chaleur les plus convenables à la bonne éducation des vers et les plus propres à nous faire obtenir une belle soie, sont les suivans, indiqués par le thermomètre de Réaumur :

Dans le premier âge, environ.		19 degrés.
Dans le deuxième.		18 à 19
Dans le troisième.		17 à 18
Dans le quatrième.		16 à 17
Dans le cinquième	au 1er. période. . .	16 à 17 ½
	au 2e.	16½ à 15 ½

Nos sens n'étant pas assez exercés pour juger exactement de la température, le secours du thermomètre nous est indispensable, et l'on aura soin de placer plusieurs de ces instrumens dans l'atelier des vers à soie.

Les variations subites de température sont toujours nuisibles aux vers à soie; cependant il est moins dangereux que le thermomètre descende d'un ou de deux degrés, que s'il venait à s'élever au-delà de la température indiquée.

Le froid ordinairement n'est pas nuisible aux vers; il ne fait que retarder leur développement : mais il leur est contraire lorsqu'ils sont assoupis ou qu'ils vont l'être, car il s'oppose alors à la crise voulue par la nature; de même lorsque les vers approchent de leur maturité, ou qu'ils y sont parvenus, le froid endurcit la matière soyeuse contenue dans les petits réservoirs de l'insecte.

La chaleur influe puissamment sur la finesse de la

soie. Si l'on ne peut éviter une température trop chaude, il n'y a rien à redouter lorsque l'air peut circuler dans l'atelier; mais si l'air extérieur est dans un trop grand calme, on peut, en faisant de petites flammes dans les cheminées, exciter dans les colonnes d'air environnantes un mouvement salutaire.

Il est nécessaire de tenir un thermomètre à l'air libre, pour connaître exactement la température de l'atmosphère : on a, par ce moyen, un rapport certain entre la chaleur extérieure et celle de l'atelier.

Ici, nous décrirons un instrument encore inconnu en France, et que nous trouvons très-utile pour indiquer aux éducateurs de vers à soie le *maximum* et le *minimum* de la température qui a régné dans l'atelier pendant leur absence.

Cet instrument, nommé *thermométrographe*, est construit de la manière suivante par M. Bellani, savant météorologue. (Voyez *Pl. II*, *fig.* 1.)

Un tube de verre dont le diamètre est à-peu-près le triple de celui des thermomètres ordinaires, et la longueur proportionnée aux degrés de température que l'on veut mesurer, est assujetti sur une planche vernie. Ce tube, courbé à sa moitié, forme deux branches parallèles, et se termine, d'un côté, par une boule allongée, verticale, fermée hermétiquement; et de l'autre, par un vase cylindrique d'un diamètre égal à celui de la boule, mais tourné en bas, et long à-peu-près comme la quatrième partie de tout le tube.

Presque la moitié de chaque branche du tube est remplie de mercure, et dans l'autre moitié supérieure surnage de l'alcool en quantité suffisante pour remplir tout le reste du tube et le vase cylindrique, mais non point la boule, qui, à un degré modéré de chaleur, demeure vide.

Dans chaque branche du tube repose sur le mercure un autre tube de verre, fort mince, de la longueur d'un demi-pouce environ, dont l'extrémité supérieure est fermée à la lampe, et celle inférieure terminée par un disque d'émail noir. Dans ce tube, il y a une aiguille d'acier, et à l'une ou l'autre des extrémités du tube est noué un cheveu ou un crin, dont les deux bouts s'étendent le long du même tube.

De cette manière, les tubes intérieurs qui contiennent les aiguilles d'acier peuvent être poussés en haut par le mercure sans obstacle, et, par le moyen de l'élasticité du cheveu, demeurer adhérens aux parois du tube extérieur quand le mercure descend. L'extrémité inférieure des aiguilles est celle qui indique le degré de la chaleur ou du froid, en notant le point où elle a été portée par la marche progressive du mercure, lequel n'agit que mécaniquement en élevant les aiguilles; et il suffit en effet, dans la construction de l'instrument, de plonger dans la glace pilée et dans l'eau bouillante le vase cylindrique rempli d'alcool, pour en établir la graduation.

Quand on veut soumettre le thermométrographe à l'expérience, il est nécessaire de faire descendre l'aiguille de façon que son disque repose sur le mercure. Cette opération se fait par l'action d'un fer aimanté (en forme de fer à cheval), dont les pôles sont cannelés (*Pl. II, fig.* 2), afin de pouvoir embrasser le tube extérieur.

L'échelle des degrés de chaleur et de froid est tracée sur l'un et l'autre côté de la planche, mais en sens contraire, et de la manière ci-après.

Du côté gauche *a*, on commence à marquer dix degrés de froid entre le point indiqué par la glace fondante et la courbure inférieure du tube, et du point *zéro*, qui indique la glace fondante, commence la distribution des degrés de chaleur jusqu'au trente-cinquième. Du côté droit *b*, on fait la graduation en sens inverse : ainsi le mercure se trouvant abaissé, dans la partie gauche, au terme de la congélation, il s'élève, dans la branche droite du tube, à la hauteur à laquelle est aussi marqué le zéro, et de ce point au-dessus sont tracés les degrés de froid, et au-dessous du même point les degrés de chaleur.

Ainsi le mercure ne peut descendre d'un degré dans une partie du tube sans s'élever d'un degré dans l'autre, *et vice versâ*. Les aiguilles ne descendant plus dans aucun des deux tubes dès qu'elles ont été soulevées à la plus grande élévation, l'une indique le *maximum* du froid, l'autre celui de la chaleur.

Lorsqu'on transporte cet instrument, il faut toujours le tenir dans la position verticale, qui lui est propre, de crainte que le mercure ne se mêle avec l'alcool.

CHAPITRE IV.

DE L'HUMIDITÉ ET DE L'HYGROMÈTRE.

L'HUMIDITÉ est un des principaux obstacles qui s'opposent à la bonne réussite des vers à soie ; les hygromètres sont donc très-utiles, en servant à mesurer le degré de sécheresse ou d'humidité de l'air dans leur habitation.

On sait que tous les corps sont plus ou moins susceptibles d'attirer l'humidité de l'atmosphère, de sorte que l'on peut composer des hygromètres avec ceux qui possèdent le mieux cette propriété : l'instrument le plus exact est l'hygromètre de Saussure, dont la pièce principale est un cheveu, que l'humidité allonge et que la sécheresse raccourcit ; mais il existe des hygromètres moins délicats et plus à la portée des cultivateurs : ceux-ci, divisés en cent degrés, sont construits avec une corde à boyau, qui éprouve assez régulièrement l'influence de l'humidité pour les guider dans leurs travaux.

A défaut d'instrument, on peut employer le sel commun, grossièrement pilé, et étendu sur une assiette ; lorsqu'il paraît humide, il dénote l'humidité atmosphérique.

Il est démontré par l'expérience que, tant que l'hygromètre ne dépasse point les soixante-cinq degrés d'humidité, on n'a rien à craindre pour les vers à soie.

Toutes les fois que l'hygromètre marque soixante-dix degrés, on doit faire brûler de la paille ou du petit bois léger dans les cheminées; la flamme qui s'élève met en mouvement l'air environnant, et donne à l'air intérieur une légère agitation, qui sèche l'atelier.

Un hygromètre, placé au dehors et à l'ombre, indiquera l'état de sécheresse ou d'humidité générale de l'atmosphère.

Lorsque les vents secs du nord soufflent, il est rare que les vers à soie ne prospèrent, même entre les mains des gens les plus ignorans.

Les accidens qui frappent les vers ont ordinairement lieu dans le cinquième âge, à raison des vents du sud, qui rendent l'air humide : l'observation nous prouve que l'air extrêmement humide et chaud fait plus de mal aux vers à soie que l'air vicié.

CHAPITRE V.

DE LA MANIÈRE DE PURIFIER L'AIR DES ATELIERS.

L'air pur est d'autant plus nécessaire au ver à soie que, ne respirant que par ses stigmates, ses organes de la respiration sont constamment en contact avec la litière, d'où émanent des gaz plus ou moins délétères, selon que l'humidité est plus ou moins abondante.

Il arrive ordinairement que la circulation d'un grand volume d'air, la propreté, les soins et la surveillance suffisent pour l'entretien de la santé de cet insecte, et pour prévenir le germe des maladies; mais ces moyens de salubrité deviennent quelquefois insuffisans, sur-tout dans les derniers âges. La chimie moderne a tâché d'y suppléer par l'application du chlore (acide muriatique oxigéné) à l'assainissement des ateliers ; il paraît supérieur à tous les autres moyens connus, tant à cause de sa grande expansibilité qu'à raison de la promptitude de ses effets, qui dépendent de son extrême avidité pour l'hydrogène, qu'il enlève à tous les corps.

Ce moyen est peu coûteux : il consiste à mettre dans une bouteille de gros verre sept onces de sel commun (chlorure de sodium), mêlées avec trois onces à-peu-près de poudre de manganèse (oxide noir de manganèse), que l'on étend de deux onces d'eau commune ; on place cette bouteille, exactement bouchée, dans un endroit de l'atelier éloigné des poêles et des cheminées; on met dans une autre bouteille plus petite à-peu-près deux livres d'huile de vitriol (acide sulfurique).

On remplit avec cette dernière bouteille un petit verre à liqueur ou les deux tiers d'une cuiller de fer d'acide sulfurique ; on verse dans la grande bouteille ; il se dégage bientôt une vapeur blanche ; on promène cette bouteille dans tout l'atelier en la tenant élevée, pour que la vapeur se répande de toutes parts, et afin de se préserver du danger qu'il y aurait à la respirer. Lorsqu'on n'aperçoit plus de vapeur, on bouche de nouveau la bouteille, et on la remet où elle était.

Cette dose peut suffire pour purifier l'air d'un atelier de quatre onces de graine.

On doit employer ce remède toutes les fois qu'en entrant dans l'atelier on sent que l'air n'est pas aussi agréable à l'odorat qu'à l'ordinaire, et qu'on éprouve de la gêne à le respirer ; mais lors même qu'on n'observerait aucune différence entre l'air extérieur et l'air intérieur, il convient de répéter cette fumigation deux ou trois fois par jour pendant le cinquième âge.

Si, au lieu du manganèse ou du sel commun, on met du nitre (nitrate de potasse) dans la bouteille, et qu'on verse dessus de l'acide sulfurique, comme dans le procédé que nous avons conseillé, on obtient une vapeur aussi efficace, moins pénétrante et moins dangereuse à respirer.

Dès que la matière renfermée dans la bouteille vient à se durcir, on y ajoute un peu d'eau, et on remue avec une baguette.

Ces sortes de fumigations, très-faciles à faire, produisent dans l'atelier les avantages suivans :

1°. La vapeur qui se dégage fait disparaître de suite les odeurs qu'il y avait dans l'atelier ;

2°. Elle affaiblit la fermentation de la litière, et semble en opérer le desséchement ;

3°. Elle détruit l'effet de tous les miasmes et de toutes les substances nuisibles à la santé des vers à soie ;

4°. Elle influe sur la bonne qualité des cocons.

On pourrait pareillement suivre le procédé que M. Chaptal indique, et que nous avons essayé nous-même avec succès pour remédier aux effets de l'humidité et des exhalaisons animales qui vicient l'air : c'est de placer dans des terrines un peu élevées au-dessus du sol quelques pierres de chaux, qui ne tardent pas à se diviser et à effleurir, en absorbant l'humidité et l'acide carbonique.

Lorsqu'on brûle des substances végétales dans l'atelier fermé, non-seulement leur combustion consume une partie de l'air vital, mais encore elle produit d'autres gaz nuisibles à la vie; lorsqu'on verse du vinaigre sur des corps embrasés, on produit encore le second de ces effets : ces deux opérations doivent donc être proscrites des ateliers. Le meilleur parfum est la propreté poussée au scrupule.

La fumée est toujours pernicieuse; elle peut occasionner, dans un seul instant, la suffocation des vers à soie, sur-tout s'il existe de l'humidité dans l'intérieur de l'atelier.

CHAPITRE VI.

DES EFFETS DE LA LUMIÈRE.

C'est une erreur populaire de croire que la lumière ne vivifie pas le ver à soie, comme elle le fait pour tous les autres êtres vivans; la nature même nous apprend que cette chenille est faite pour vivre à la lumière, puisqu'elle l'a destinée à vivre en plein air; la lumière n'incommode le ver à soie que lorsqu'il est parvenu à l'état de phalène.

Les feuilles même de mûrier, dans un atelier bien éclairé, dégagent de l'air vital très-pur; tandis que, dans l'obscurité, elles rendent moins propre à la respiration l'air avec lequel elles se trouvent en contact.

Au danger de l'obscurité, il faut ajouter celui que

causent les lumières dont on se sert, sur-tout si l'on emploie des huiles abondantes en odeur et en fumée.

L'atelier doit être bien éclairé pendant le jour par des fenêtres proportionnées à son étendue et garnies de châssis de papier, de toile ou de verre, et intérieurement de volets, que l'on ferme pour empêcher que les rayons solaires ne frappent les vers à soie, et pour que la température intérieure ne s'élève pas plus qu'il ne faut.

Chacun peut éclairer son atelier comme il le croit le plus convenable, seulement nous conseillerons les petites lampes à courant d'air dites d'*Argand*, comme très-propres à cet objet.

Il est difficile de s'imaginer combien la grande quantité de lumière qui se dégage de la combustion des corps secs et légers exerce une heureuse influence sur la santé et l'acroissement de l'insecte. La chaleur du feu sans flamme ou avec une flamme légère ne produit jamais autant d'effet.

CHAPITRE VII.

DE L'ESPACE OCCUPÉ PAR LES VERS A SOIE DANS LES DIFFÉRENS AGES.

JUSQU'A la première mue, les vers à soie provenant d'une once d'œufs occupent un espace carré de. . . . . 9 pieds 6 pouces.

Jusqu'à la seconde mue.	19	»
Jusqu'à la troisième mue.	46	»

Jusqu'à la quatrième mue. . . . . 109 »
Jusqu'à leur plus grand développement dans le cinquième âge. . . 239 »

Ces espaces suffisent, et concilient en même temps une bonne éducation avec l'économie de la feuille.

Dans un vaste atelier, on pourrait étendre de quelques pieds les espaces assignés aux quatre premiers âges; plus les vers à soie sont à leur aise, et mieux ils accomplissent les fonctions de la vie.

Si l'on aperçoit qu'à la fin des différens âges, les espaces destinés ne sont pas bien remplis, on doit croire qu'une partie des œufs ne sont pas éclos, ou que les vers ont péri dans leur litière, ou enfin que des malades sont sortis des claies : au contraire, si les vers à soie paraissent fortement attachés à leurs claies, on doit s'attendre à un très-bon succès, et l'on sera attentif à ce qu'ils ne manquent ni de nourriture ni d'espace.

CHAPITRE VIII.

USTENSILES QUI SERVENT A L'ÉDUCATION DES VERS A SOIE.

Poêle en pièces de terre cuite, destiné à élever lentement et à volonté la température. (Voyez *Pl. II, fig.* 3*.) La base de ce poêle, *fig.* 3**, doit être un peu élevée au-dessus du sol, et l'air extérieur y arriver par le moyen d'un conduit à l'ouverture *a*. Là il est reçu dans la caisse *b*, *fig.* 3*, où, après avoir fait plusieurs circuits, il trouve, dans un angle diagonalement opposé, l'orifice d'un tuyau qui traverse le foyer de bas en haut, et l'introduit dans la caisse supérieure *c*, de laquelle, après avoir circulé comme dans la première, il se décharge dans l'habitation par la bouche de chaleur *d*.

La fumée passe à travers la caisse *c* dans une ouverture *e*, *fig.* 3, et se dirigeant dans la partie pyramidale du poêle, divisée dans sa longueur par quatre cloisons de gauche à droite, elle sort par un tuyau ordinaire.

Cheminée. Pour une chambre capable de contenir les vers à soie provenant d'une once d'œufs, ayant deux cent trente-neuf pieds carrés de claies, il suffit d'avoir une petite cheminée sur un côté de la chambre.

Pour une chambre de deux à trois onces, il convient qu'il y en ait deux, placées dans les angles diagonalement opposés. Elles doivent être bouchées toutes les fois qu'elles ne servent pas.

L'avantage de ces cheminées n'est pas tant de réchauffer en y brûlant du gros bois, que de mettre en mouvement de grandes masses d'air, et de le renouveler en produisant une flamme très-vive par la combustion d'un bois léger et très-sec.

Plusieurs thermomètres et un thermométrographe. (Voyez le chap. III.)

L'hygromètre. (Voyez le chap. IV.)

La bouteille fumigatoire. (Voyez le chap. V.)

Soupiraux. Ce sont des ouvertures de douze à treize pouces carrés, que l'on ouvre et ferme à volonté au moyen d'une coulisse. Les uns seront placés près du plancher supérieur, et au lieu d'une planche on peut mettre un châssis de toile ou de verre, afin d'avoir du jour. Les autres seront pratiqués au niveau du pavé, sous les fenêtres ou dans les portes ; d'autres enfin dans le pavé même, pour recevoir l'air de la partie inférieure. Le nombre des soupiraux sera en rapport avec l'étendue de l'atelier, de manière à ce que l'air circule aisément à travers les claies. (*Pl. II, fig.* 17; *Pl. III, IV*, nos. 3.)

Le grattoir. Il est semblable à l'instrument dont on se sert pour enlever la pâte de la huche ; on l'emploie pour détacher les œufs des linges mouillés. Il ne doit avoir le fil ni trop gros ni trop fin. (*Pl. II, fig.* 4.)

Boîtes pour faire éclore les œufs. Elles doivent être en carton ou en bois mince, et leur dimension doit être telle que chaque once d'œufs ait un espace d'environ dix pouces carrés. On les doublera de papier intérieurement, et le poids de la graine que chaque boîte doit contenir sera indiqué sur les côtés. (*Pl. II, fig.* 5.)

Cuiller de fer-blanc. Elle est faite à-peu-près comme une large stapule, et sert à remuer les œufs lorsqu'ils sont près d'éclore.

Emporte-pièce. Ce fer, percé à l'extrémité, est fait de manière qu'à chaque coup de marteau on puisse percer promptement plusieurs *doubles de papier.* Les treus seront d'une grandeur suffisante pour qu'un ver naissant puisse y passer. (*Pl. II, fig.* 6.)

Lorsque les vers éclosent, on se sert de ces papiers pour les séparer de la graine et les enlever de la boîte.

Pour retirer avec facilité chaque papier de sa boite, on attachera à ses bords quatre bouts de fil en croix, qui, réunis par un nœud à une distance convenable, lui serviront d'anse. Au lieu de papier troué, on peut se servir d'un voile clair.

Crochet. Petit fer recourbé qui sert à lever promptement des boites les petits rameaux chargés de vers, et à les placer sur les claies garnies de papier. En les prenant avec la main, on risquerait de blesser ces petits animaux. (*Pl. II, fig.* 7.)

Les claies. Elles doivent se placer contre le mur à la distance d'un pouce environ, et doivent être soutenues par deux morceaux de bois qui y sont enfoncés, ou par des montans qui portent des traverses. Leur dimension la plus commode et la plus en usage est de trente à trente-deux pouces de largeur sur neuf à dix pieds de longueur : on les dispose l'une sur l'autre à la distance de vingt-deux pouces environ.

Les claies sont bordées de petites planches de quatre pouces de hauteur. Ces bords servent à soutenir les petites tables de transport, afin qu'elles n'appuient point sur les vers à soie. Le fond des claies est en cannes, à la distance d'un doigt les unes des autres, attachées avec des ficelles à des traverses de bois; on peut les faire de toute sorte de branches d'arbres.

Cette distance d'une canne à l'autre est indispensable pour laisser un libre cours à l'air, qui sèche promptement le papier dont les claies doivent être couvertes. (*Pl. II, fig.* 17; *Pl. IV*, nos. 8.)

Petites tables de transport. Ce sont des planches

minces, d'environ douze à quatorze pouces de largeur, et assez longues pour qu'on puisse les poser sur les côtés de la largeur des claies ; elles ont un manche au milieu, et doivent être très-lisses, afin qu'en les inclinant les vers y montent sans peine. Il y a sur trois côtés un rebord d'environ un pouce. (*Pl. II, fig.* 9.)

Caisse de transport. Elle est très-commode pour transporter les vers à soie dans un atelier éloigné de la chambre chaude. Chaque feuille de papier qu'on y étend doit contenir les vers provenant d'une once d'œufs. (*Pl. II, fig.* 10.)

Couteau. Il doit être fait de manière à pouvoir couper aisément la feuille en très-petits morceaux.

Double tranchant. C'est un tranchant ordinaire de cuisine, composé de deux lames parallèles : on se sert de cet instrument après avoir coupé la feuille avec le couteau. (*Pl. II, fig.* 11.)

Coupe-feuille. Il est fait à-peu-près comme celui qu'on emploie dans quelques pays pour hacher la paille. A l'aide de cet instrument, on coupe en peu de temps une grande quantité de feuilles. (*Pl. II, fig.* 12.)

Paniers carrés. Ils sont larges et peu profonds ; ils ont un crochet au milieu du manche, par lequel on les attache aux bords des claies, le long desquelles on les fait glisser, à mesure que l'on distribue la nourriture aux vers à soie : de cette manière, on a les mains libres pour répandre la feuille. (*Pl. II, fig.* 13.)

La palette. Cet instrument est une espèce de palette ou feuille de fer-blanc repliée de trois côtés. Sans cet instrument, il serait assez difficile de bien nettoyer les papiers des claies, principalement durant le cinquième âge.

Petit balai. On le fait avec deux ou trois panicules de gros millet liés ensemble, ou avec des brindilles de bruyère ; il sert à distribuer également la feuille sur les claies.

Châssis pour placer les papillons. Ils sont couverts d'une toile, qui se lève facilement et qu'on peut changer au besoin. Ils ont un manche, qui en facilite le transport. (*Pl. II, fig.* 14.)

Boîte pour conserver les papillons. Cette petite boîte ou cassette, percée à ses côtés, est très-bonne pour ôter la lumière aux papillons sans qu'ils en souffrent et sans que les mâles se débattent. (*Pl. II, fig.* 15.)

Chevalet. Il se ferme et occupe peu d'espace ; c'est sur lui que l'on étend les linges sur lesquels on dépose les papillons destinés à fournir la graine. (*Pl. II, fig.* 16.)

Châssis à cordes. Petits châssis garnis de filets grossiers : on y place les linges qui contiennent la graine ; ils reçoivent l'air de tous côtés, et les œufs s'y conservent frais et secs.

Échelle-brouette pour la cueillette de la feuille ; et pouvant, au défaut de chevalet, servir à attacher le linge sur lequel on pose les papillons. (*Pl. I.*)

Indépendamment de ces ustensiles, il en est d'autres également utiles, mais assez connus pour nous dispenser de les décrire : tels sont les bancs ou planches, les petites échelles ou marchepieds, la hotte pour le transport de la litière, etc.

CHAPITRE IX.

DES SOINS PRÉLIMINAIRES POUR LA NAISSANCE DES VERS À SOIE.

Préparation *de la graine*. On suppose que les œufs soient bons et bien conservés, ainsi que nous le dirons plus bas. (Chap. XIII.)

Vers le commencement du mois d'avril, on porte les linges qui les contiennent dans une chambre dont la température soit à-peu-près égale à celle où on les a conservés; on en fait plusieurs doubles et on les plonge dans un seau d'eau de citerne ou de puits; on les agite de haut en bas jusqu'à ce que l'eau ait pénétré par-tout, et on les laisse dans le seau pendant cinq à six minutes; on retire les linges, on les laisse égoutter deux ou trois minutes, les tenant dans les mains; on les pose ensuite sur une table; on les étend tous ou en partie, en tenant le linge bien étendu du côté où l'on veut commencer à détacher les œufs avec le grattoir. (*Pl. II, fig.* 4.) Les œufs se séparent doucement du linge; on les entasse sur le linge même; peu-à-peu on les enlève tous avec le même instrument, et on les dépose dans un bassin. On verse alors une certaine quantité d'eau sur les œufs; on les frotte avec la main, pour qu'ils se lavent et se détachent les uns des autres; on enlève les œufs qui surnagent; on agite cette eau, et on la verse sur un tamis ou sur un linge pour en séparer les œufs.

On met dans un bassin les œufs du tamis et ceux qui sont restés au fond du seau; on verse dessus de l'eau pure, du vin sain et léger, blanc ou rouge; on lave de nouveau les œufs, toujours très-délicatement, afin qu'ils se séparent aisément les uns des autres. Lorsque l'eau ou le vin est coulé, on fait bien égoutter les œufs, et on les étend sur d'autres linges secs.

Si l'on a un pavé en briques, on y étend ces linges en les changeant de place toutes les quatre ou cinq heures; à défaut de ce pavé, on pose les linges sur les claies. En deux jours environ, suivant que l'air est plus ou moins sec, la graine se sèche parfaitement sans le secours de la chaleur, qui lui serait pernicieuse.

Lorsque les œufs sont bien secs, on les met sur des assiettes de faïence ou d'étain par couches d'un demi-travers de doigt; et on les laisse, jusqu'à l'époque où on les fait éclore, dans des lieux frais et secs, à la température de huit à douze degrés de chaleur.

De la chambre chaude et de la naissance des vers.

Le ver à soie étant originaire d'un climat constamment plus chaud que le nôtre, l'art doit suppléer à ce que la nature refuse chez nous à cet insecte.

La chaleur du fumier, des lits, ou du corps humain, celle des cuisines et autres semblables, que l'on emploie communément pour obtenir une température favorable à la naissance des vers à soie, sont des moyens assez incertains, et quelquefois funestes à la vie de ces insectes.

Pour en faire naître en peu de jours une quantité quelconque, on doit préférer une chambre convenablement échauffée, telle que les serres, où l'on conserve des plantes qui appartiennent à des climats plus chauds que les nôtres.

Ainsi une petite chambre bien sèche, bien éclairée, peut servir à créer une température convenable à la naissance des vers à soie; il est avantageux qu'elle soit petite, parce qu'elle est plus économique, et qu'on y règle mieux la chaleur.

Les fenêtres de la chambre chaude doivent être garnies de contre-vents pour la fermer du côté du soleil, lorsque la température extérieure est plus haute qu'il ne faut.

Dans cette chambre chaude, on place un poêle, plusieurs thermomètres, un hygromètre, des claies ou quelques tables, un soupirail sous le plancher supérieur, un autre au niveau du sol, et une cuiller pour remuer la graine. (Chap. VIII.)

Le point essentiel est de faire coïncider l'époque de la naissance du ver à soie avec le moment où le mûrier se développe et peut fournir à sa nourriture. On met alors dans de petites boîtes (*Pl. II, fig.* 5,) une quantité proportionnée de graine, et l'on prend note du jour et de l'heure où on les aura mises dans la chambre chaude, ainsi que de tout ce qu'il peut être utile de se rappeler. Les claies sur lesquelles on place ces boîtes seront recouvertes de papier, et on aura l'attention de les tenir à quelques pouces de distance les unes des autres.

La température de la chambre chaude, ou étuve, sera maintenue, dans les deux premiers jours, à . . . . 14 degrés.

Dans le troisième jour. . . . . 15 degrés.
Dans le quatrième jour. 16
Dans le cinquième jour. 17
Dans le sixième jour. 18
Dans le septième jour. 19
Dans le huitième jour. 20
Dans le neuvième jour. 21
Dans les dixième, onzième et douzième jours. 22

Si la saison contrariait le développement de la feuille, il faudrait retarder la naissance des vers, en conservant, pendant deux ou trois jours, une température égale sans jamais la varier.

Si, au contraire, on est pressé par la pousse des feuilles, on peut, pour gagner du temps, hâter la naissance des vers en élevant la température d'un degré et demi et même de deux degrés dans un seul jour.

Lorsque la température de l'étuve ou chambre chaude commence à atteindre dix-neuf degrés, il est bon d'y tenir deux plats d'environ six à huit pouces de diamètre, remplis d'eau; l'évaporation de l'eau, qui se fait très-lentement, tempère la sécheresse qui pourrait s'y établir, principalement lorsque les vents du nord dominent. Une grande siccité contrarie la naissance des vers.

On remue les œufs une ou deux fois par jour avec la cuiller; mais ce soin est plus particulièrement utile à l'approche de l'éclosion.

Lorsque les œufs prennent une couleur blanchâtre, le ver est déjà formé : cela arrive ordinairement du huitième au dixième jour : on met alors sur les œufs des morceaux de papier criblés de trous et coupés de manière à les couvrir tous ; pour recueillir ces petites chenilles, il suffit de tenir sur ce papier de jeunes rameaux de mûriers garnis de trois ou quatre feuilles.

Le premier jour, il n'éclôt ordinairement que peu de vers, et s'il y en a très-peu, il vaut mieux les sacrifier, parce qu'en les mêlant avec ceux qui naissent le jour suivant, ils seraient toujours plus gros que les autres.

Les œufs bien conservés, qui n'ont point souffert par trop de chaleur ou trop de froid, n'éclosent pas avant leur terme, quoique placés dans l'étuve. Leur développement précoce ou tardif dépend moins de la chaleur du poêle que de la température dans laquelle on les a tenus pendant le cours de l'année. L'expérience démontre constamment que plus les vers tardent à naître, plus ils sont vigoureux, parce que l'embryon se développe plus insensiblement.

Les vers à soie nés par la méthode que nous avons indiquée auront une santé forte et soutenue ; on ne les verra jamais rouges ni noirs ; ils seront de couleur châtain foncé, la seule qu'ils doivent avoir.

CHAPITRE X.

DES ATELIERS DESTINÉS AUX VERS A SOIE. — TRANSPORT ET DISTRIBUTION DES VERS.

L'EMPLACEMENT le plus convenable au logement des vers à soie est celui où trop d'humidité ne s'accumule pas, et où le froid et la chaleur ne sont point assez forts pour les exposer à des variations brusques de température; il faut qu'on puisse y entretenir une circulation d'air douce et constante, et qu'on ne soit pas obligé, pour éviter la stagnation des matières vaporeuses, d'ouvrir les portes et les fenêtres lorsqu'il fait du vent ou que l'air extérieur est trop froid.

Ce local devra être parfaitement éclairé par des fenêtres, et garni de poêles, cheminées et soupiraux en nombre proportionné à sa grandeur, ainsi que de thermomètres, hygromètres, et de tous les ustensiles qui servent à l'éducation des vers à soie. (Ch. VII et VIII.)

On peut se guider, dans la construction des ateliers, sur le dessin et la description que nous donnons plus bas (voyez *Pl. II, III* et *IV*) d'une magnanière expérimentale que nous avons construite pour quatre onces de graine, et qui a répondu complétement au but que nous nous étions proposé (1). Les dimensions indiquées peuvent être augmentées ou diminuées selon les besoins et les convenances locales, pourvu qu'on observe à-peu-près les mêmes proportions. Il manque à notre modèle un lieu de dépôt pour la feuille, que l'on a dû placer dans un autre bâtiment.

Lorsqu'on a plusieurs onces d'œufs, il est avantageux d'avoir deux ateliers, l'un petit, et l'autre beaucoup plus grand; le premier doit contenir les vers à

(1) Elle est située dans notre ferme de Saint-Augustin, près Alpignano, à quatre milles de Turin, sur la route du mont Musinet.

soie jusqu'à la fin du troisième âge, époque à laquelle on les fait passer dans l'autre. Si la quantité des vers à soie est petite, la chambre chaude peut elle-même servir de petit atelier jusqu'à la fin de la troisième mue.

La température du petit atelier pendant le premier âge doit être portée à 19 degrés environ. (Chap. III.)

Si les vents du nord ou des pluies froides arrêtent les progrès de la feuille, on abaissera peu-à-peu la température jusqu'à dix-sept et même jusqu'à seize degrés, jamais au-delà. Nous avons dit plus haut qu'à mesure que la chenille croît et se fortifie, il lui faut moins de chaleur.

On dispose dans l'atelier autant de claies qu'il en faut pour former les espaces qui correspondent au nombre d'onces de graine indiqué dans le chapitre VII.

On place des claies l'une sur l'autre à la distance de vingt-deux pouces au moins, de la manière déjà indiquée, et on les garnit toutes de feuilles de papier, que l'on relève autour pour empêcher les vers de tomber.

Lorsque les rameaux épars sur le papier percé, ou sur le voile qui recouvre les œufs dans les boîtes, sont chargés de vers (chap. III), on met ces boîtes sur la table de transport, et on les porte au petit atelier.

Lorsqu'on a placé cette petite table sur les bords d'une claie, on lève avec le crochet (chap. VIII) ces rameaux, on les y pose assez loin les uns des autres pour que l'on puisse mettre de la feuille très-menue non-seulement sur ces rameaux, mais aussi dans les intervalles, afin que les vers à soie puissent mieux se distribuer.

Les vers à soie provenant d'une once de graine, et disposés de la manière ci-dessus, doivent occuper un espace d'à-peu-près dix-huit pouces carrés.

Chaque feuille de gros papier, de la longueur de vingt-trois pouces sur vingt et un de largeur, doit tenir un espace d'environ vingt-deux pouces carrés. Ayant soin de ne former sur ces feuilles de papier que de petits carrés d'à-peu-près dix pouces sur le côté, on occupe avec les vers nés d'une once quatre feuilles de papier; ce qui est l'espace convenable jusqu'à la première mue.

Ces feuilles de papier seront par conséquent quatre fois aussi grandes que l'étendue de la petite boîte. Dès-lors, il n'est plus nécessaire de remuer les chenilles jusqu'à la première mue. Toutes les feuilles de papier appartenant à la même boîte devront porter le même numéro.

Aussitôt qu'on a déposé les vers à soie sur le papier, on leur donne un peu de feuilles tendres coupées très-menu, en remplissant, comme on l'a dit plus haut, les intervalles qu'on a laissés entre un rameau et l'autre, pour que peu-à-peu toute la superficie soit également couverte de chenilles : si les vers se rassemblent dans un endroit plutôt que dans un autre, on y place deux ou trois feuilles de mûrier, sur lesquelles une partie des vers ira s'attacher; on lève alors ces feuilles pour les replacer où il y a le moins de vers.

Toutes les fois que l'on met de nouveaux vers à soie sur un papier où il y en a d'autres, on leur donne un peu à manger comme on a fait pour les premiers; mais on ne doit renouveler le repas à ceux-ci que lorsqu'on a rempli une bonne quantité de papiers : de cette façon, ils recevront tous en même temps le second repas, et demeureront parfaitement égaux.

Lorsque ensuite on met les vers à soie nés d'une once d'œufs sur une seule feuille de papier pour les transporter hors de l'atelier, il importe, pour les avoir tous égaux, de ne point renouveler le repas aux premiers jusqu'à ce que la feuille de papier soit entièrement remplie.

On fera bien d'écrire sur la feuille de papier l'heure à laquelle on a commencé à la remplir, et celle où l'on a terminé.

La naissance des vers à soie est ordinairement plus abondante dans la matinée, lorsque les rayons du soleil commencent à vivifier leur habitation.

Pour conserver le petit nombre de vers éclos le premier jour, il faut les tenir clair-semés, en leur servant pendant deux jours la moitié de la nourriture que l'on donne aux autres, et en les plaçant dans l'endroit le plus frais de l'atelier.

La naissance du ver à soie s'opère graduellement, et ne dure pas moins de deux jours.

S'il convient de mettre les vers premier-nés dans l'endroit le plus frais, il importe de placer les autres dans l'endroit le plus chaud; et, au moyen d'un peu plus de feuilles que l'on donne aux derniers, on réussit à les avoir aussi avancés que les premiers.

Les propriétaires qui font éclore beaucoup de vers à soie pour leurs colons, à qui ils les distribuent en proportion de la quantité de feuilles que ceux-ci ont à cueillir, feront infiniment mieux de mettre toute la graine dans une seule boîte de la grandeur que nous avons fixée, et à mesure que les vers naîtront, ils les distribueront sur les feuilles de papier de la manière que nous avons indiquée. Par là, chaque colon aura des vers à soie nés à une même époque, et par conséquent égaux, sans avoir la peine de leur donner à manger deux fois.

On donne de préférence les premier-nés à ceux des colons qui ont la feuille la plus avancée.

Après avoir étendu les chenilles sur les feuilles de papier, on leur donne à manger, toutes les cinq heures environ, de la feuille tendre et coupée très-menu.

Les œufs, dans l'étuve, éprouvent, avant d'éclore, une évaporation du douzième de leur poids, c'est-à-dire de quarante-sept grains par once.

Le poids des coques des vers à soie équivaut au cinquième environ du poids des œufs, c'est-à-dire cent seize grains par once. Dans les œufs de bonne qualité, il n'y a tout au plus qu'un cinquième qui n'éclôt pas dans les trois premiers jours.

Dans ces trois premiers jours, cette petite quantité continue à éclore; mais il est inutile de s'en occuper et il vaut mieux perdre le peu de vers nés le premier jour et les œufs qui ne sont pas éclos le troisième, que d'en être embarrassé pendant le cours de l'éducation qu'on entreprend : on peut compenser cette légère perte en ajoutant une petite quantité d'œufs à ceux qu'on s'est proposé de faire éclore.

CHAPITRE XI.

DE L'ÉDUCATION DES VERS A SOIE DANS LES QUATRE PREMIERS AGES.

Premier âge.

Nous avons laissé dans le petit atelier les vers éclos à dix-neuf degrés de température, et commodément distribués sur les feuilles de papier : nous allons commencer leur éducation, en supposant qu'on entreprenne d'en gouverner une once. Les espaces qu'ils doivent occuper et la quantité de feuilles seront proportionnés à cette quantité de vers.

Lorsque les vers provenant d'une once auront accompli leur première mue ou âge, ils doivent occuper à-peu-près neuf pieds six pouces carrés.

Éducation du premier jour. Le premier jour après la naissance et la distribution des vers, on leur sert quatre repas avec quatorze onces de feuilles tendres, mondées, et coupées très-menu; l'intervalle d'un repas à l'autre doit être de six heures. Pour le premier repas, on donne une légère dose de feuilles, et on l'augmente progressivement jusqu'au dernier.

Dans le premier âge, il est d'une grande importance de couper la feuille très-menu, et de la déposer légèrement sur ces petits vers.

Ces animaux ont besoin de trouver dans peu d'espace et dans le même temps de quoi manger à leur aise; ils ne pourraient le faire avec la feuille entière ou coupée grossièrement, quoique donnée en quantité dix et même vingt fois plus grande, celle-ci n'ayant point autant de bords frais à leur présenter et se flétrissant avant d'être rongée.

Il est essentiel de ne couper la feuille qu'au moment où l'on doit la distribuer.

Il est parfois très-utile de servir aux vers à soie quelques légers repas intermédiaires, comme on le verra par la suite.

La quantité de feuilles fixée pour chaque jour doit suffire pour les quatre repas de la journée entière. Le ver à soie mange sa portion dans une heure et demie environ, et ensuite il demeure plus ou moins en repos.

Toutes les fois qu'on leur donne à manger, on élargit peu-à-peu les petits carrés de vers en étendant davantage la feuille; et s'ils venaient à sortir de l'endroit où ils doivent être, on se servirait du petit balai pour les remettre à leur place.

Second jour. Il faut, ce jour-là, environ une livre six onces de feuilles pour les quatre repas : le premier doit être le plus léger, le dernier le plus fort. On se rappellera d'allonger et d'élargir les petits carrés.

Troisième jour. Il faut environ trois livres de feuilles pour les quatre repas. Les vers, ce jour-là, mangent avidement et occupent déjà les deux tiers de l'espace des feuilles de papier qu'on leur a destinées. S'ils mangeaient leur nourriture en très-peu de temps, il faudrait leur donner un repas intermédiaire d'à-peu-près la moitié du premier.

Nous ne fixons point ici la quantité de feuilles de ces repas intermédiaires, parce qu'il serait impossible de le faire avec précision. On doit se régler à-peu-près sur la quantité de feuilles que l'on doit donner dans le cours de la journée, et suivant l'appétit que les vers éprouvent.

Quatrième jour. Il ne faut plus qu'environ une livre six onces de feuilles. Le premier repas doit être de neuf onces environ; on diminue les autres à mesure qu'on s'aperçoit que la feuille n'a pas été bien rongée.

Il est important, pendant le premier âge, de tenir les vers à soie bien au large, afin d'empêcher, autant que possible, qu'ils ne dorment les uns sur les autres.

A la fin de la journée, la plus grande partie des vers sont assoupis et ne mangent plus.

Cinquième jour. On donne à-peu-près six onces de feuilles coupées très-menu, en les répandant à plusieurs reprises dans les endroits où les vers mangent encore; lorsque six onces ne suffisent pas, on y ajoute ce qu'il faut de plus. A la fin de la journée, tous les vers sont assoupis, et plusieurs commencent même à s'éveiller.

Dans le premier âge, on renouvelle l'air de l'atelier en ouvrant seulement la porte. La température nécessaire se maintient à l'aide des poêles ou du gros bois que l'on brûle dans les cheminées.

Second âge.

Les vers à soie provenant d'une once d'œufs occupent sur les claies, jusqu'à l'accomplissement du second âge, un espace d'environ dix-neuf pieds carrés.

La chaleur convenable au deuxième âge est de dix-huit à dix-neuf degrés.

On ne lève les vers de leur litière que lorsqu'ils sont presque tous éveillés. Il n'y aurait même pas d'inconvénient à attendre le réveil de tous les vers, vingt, trente heures et plus encore, à compter du moment que les premiers se sont éveillés.

Lorsqu'une grande quantité de vers sortent des feuilles de papier où ils étaient placés, c'est un signe certain qu'il faut les déliter.

L'inégalité du développement des vers à soie est un très-grand défaut, et qui a plusieurs causes :

1°. De n'avoir pas placé les vers dans un espace proportionné à l'accroissement qu'ils devaient prendre pendant le premier âge ;

2°. De n'avoir pas mis les vers nés les premiers jours dans l'endroit le moins chaud de l'atelier ;

3°. De n'avoir pas mis dans l'endroit le plus chaud ceux qui sont nés les derniers ;

4°. Enfin de ne pas avoir servi aux dernier-nés quelques repas intermédiaires pour hâter leur croissance.

Il est d'autant plus utile d'attendre que les vers soient presque tous éveillés, avant de leur donner à manger, que ces insectes, en sortant de la mue, ont moins besoin de nourriture que d'air libre et d'une chaleur modérée. (Chap. Ier.)

Premier jour du second âge. Il faut, ce jour-là, environ deux livres quatre onces de rameaux tendres, et autant à-peu-près de feuilles mondées et coupées menu.

Au moment où presque tous les vers sont éveillés et qu'ils remuent la tête ou la tiennent droite, il faut se préparer à les transporter pour nettoyer les feuilles de papier où ils sont couchés.

On étend sur eux de petits rameaux tendres de mûrier, qui aient quatre, six ou huit feuilles.

On placera ces rameaux à une telle distance l'un de l'autre, qu'en étendant le mieux possible leurs feuilles il y ait entre elles un ou deux travers de doigt.

Lorsqu'on a couvert ainsi une des feuilles sur laquelle les vers sont couchés, on passe à une autre avec facilité, et ainsi de suite en commençant toujours à lever les vers des feuilles où l'on remarque le plus de mouvement.

On doit avoir toutes prêtes les petites tables de transport, sur lesquelles on pose les rameaux couverts des chenilles, qu'on doit avoir promptement levés des feuilles de papier.

Au lieu de faire de petits carrés de vers, on forme alors des bandes au milieu des claies.

Tous les vers qu'on aura transportés ne doivent occuper qu'un peu plus de la moitié de l'espace indiqué pour cet âge; c'est-à-dire que la bande ne sera longue tout au plus que de la largeur d'une claie.

Lorsque l'opération est faite, on place de nouveaux rameaux pour recueillir les vers qui seraient demeurés sur la litière, et l'on rejette ceux qu'on trouve encore assoupis.

Le moyen indiqué pour changer la litière est le plus convenable dans tous les âges.

Une heure ou deux heures après que les vers ont été posés sur les claies, on leur donne un repas de douze onces de feuilles environ, tendres et coupées menu.

Dans le cours de la journée, on leur donne le restant de la feuille en deux autres repas.

Lorsqu'on a transporté les vers à soie sur les nouvelles claies, on nettoie celles où ils étaient, ayant soin de rouler les feuilles de papier et de les porter hors de l'atelier.

Second jour. Il faut environ six livres douze onces de feuilles mondées et coupées menu, qu'on donne en quatre repas de six en six heures.

Les deux premiers seront moindres que les deux derniers.

On élargit les bandes de vers de manière qu'à la fin de ce jour les deux tiers de l'espace soient occupés.

Troisième jour. Il faut environ sept livres et demie de feuilles mondées et coupées menu. Les deux premiers repas seront les plus abondans.

L'appétit diminue, et vers la fin de la journée plusieurs vers seront assoupis.

Il faut aussi élargir les bandes de manière que les quatre cinquièmes au plus des claies soient occupés.

Quatrième jour. Il ne faut que deux livres quatre onces environ de feuilles mondées et coupées menu, que l'on distribue soigneusement suivant le besoin.

Dans ce jour, tous les vers s'endorment; le lendemain, ils s'éveillent, et accomplissent ainsi leur second âge.

Il sera utile de renouveler un peu plus l'air intérieur; s'il ne fait au dehors ni froid ni vent, on peut laisser les soupiraux ouverts, jusqu'à ce que le thermomètre descende d'un demi et même d'un degré; ensuite on ferme toutes les ouvertures; la température s'élève de nouveau, et l'air intérieur se trouve renouvelé.

Troisième âge.

Dans cet âge, les vers provenant d'une once d'œufs occupent quarante-six pieds carrés.

La température de l'atelier doit être de dix-sept à dix-huit degrés environ.

Premier jour. Il faut trois livres six onces de petits rameaux et autant de feuilles mondées, et coupées un peu moins que jusqu'alors. Vers la fin de cet âge, elles doivent être coupées encore plus grossièrement.

Les vers à soie annoncent leur réveil par un mouvement ondulatoire qu'ils font avec la tête lorsqu'on souffle horizontalement sur eux avec la bouche.

On emploie les petits rameaux comme dans le second âge; ils servent de premiers repas aux vers à soie.

Une bande occupera un peu moins de la moitié de l'espace total des claies. On donne aux vers un second repas d'une livre quatorze onces environ de feuilles.

Si le changement de litière a lieu trop tard, et qu'on n'ait pas le temps de donner les trois repas dans ce jour, on mêlera la feuille restante à celle du jour suivant.

Si dans la litière portée hors de l'atelier on trouve encore des vers endormis, on les lève à l'aide de petits rameaux, et on les pose sur une claie séparée dans la partie la plus chaude de l'atelier; en les tenant plus écartés entre eux, ils ne tarderont pas à être aussi avancés que les premiers vers.

Second jour. Il faut vingt et une livres et demie environ de feuilles mondées et coupées, que l'on donnera en quatre repas; les deux premiers doivent être un peu moindres que les deux derniers.

Peu-à-peu on élargit l'espace que les vers occupent.

Troisième jour. Il faut environ vingt-deux livres et demie de feuilles mondées et coupées, qui seront données en quatre repas; le premier et le second doivent être les plus abondans.

Les vers approchent du moment de leur assoupissement.

Quatrième jour. Il faut environ douze livres et demie de feuilles mondées et coupées, pour les quatre repas, dont le premier sera le plus fort et le dernier le plus faible.

Si l'on aperçoit qu'une grande partie des vers d'une claie soient assoupis, et que les autres désirent encore manger, on ne doit pas s'en tenir au nombre exact des repas, il faut en donner un léger une ou deux heures après, afin de rassasier les vers et de les faire assoupir plus vite.

Cinquième jour. Il faut environ six livres et demie de feuilles mondées et coupées, que l'on distribue où le besoin s'annonce.

Lorsque le ver à soie se prépare à la troisième et même à la quatrième mue, il importe que l'air intérieur ne soit pas trop agité et que la température de l'atelier ne s'abaisse point.

Sixième jour. Dans ce jour, les vers s'éveillent plus ou moins et accomplissent leur troisième âge.

Il suffit, dans cet âge, de tenir ouverts de temps en temps les soupiraux et la porte, et même les fenêtres lorsqu'il fait un temps calme, jusqu'à ce que la température intérieure descende environ d'un demi-degré.

Dans les journées pesantes et très-humides, on donne un mouvement salutaire à l'air intérieur à l'aide de quelques feux clairs.

Quatrième âge.

Dans cet âge, les vers provenant d'une once d'œufs occupent un espace de cent neuf pieds carrés environ : on les dispose comme à l'ordinaire.

La température doit être de seize à dix-sept degrés : si la saison est tellement chaude, que, malgré tous les expédiens possibles, on ne puisse maintenir la température à dix-sept degrés, l'augmentation de chaleur ne sera point dangereuse, pourvu que l'on ouvre les soupiraux du côté où le soleil donne le moins. Si l'air était sans mouvement, on ferait les feux de flamme que nous avons recommandés, afin de renouveler l'air et d'empêcher que la litière n'entre en fermentation.

L'expérience fait connaître l'importance d'avoir des ateliers dont l'étendue soit proportionnée à la quantité des vers à soie, tant pour l'économie qui en résulte que pour la facilité du service. Une pièce spacieuse offre le grand avantage de procurer, avec moins de peine, des courans d'air plus réguliers et plus sûrs.

Premier jour du quatrième âge. Il faut neuf livres de petits rameaux et quatorze livres quatre onces de feuilles coupées grossièrement; lorsque la troisième mue est achevée, il faut à-la-fois couvrir une ou deux claies avec de petits rameaux de mûrier ou avec les feuilles de cet arbre qui aient le plus de consistance; on lève ensuite ces rameaux chargés de vers, et on les place sur les petites tables, pour les transporter comme on a fait dans les âges précédens : en employant deux personnes pour chaque once, on peut faire cette opération en peu de temps. Les bandes que l'on forme doivent occuper à-peu-près la moitié des claies où on les pose.

Lorsque les vers ont mangé la feuille des petits rameaux, on leur donne six livres douze onces de feuilles, avec lesquelles on remplit les intervalles qui sont entre les rameaux; les autres sept livres et demie de feuilles ne doivent se distribuer que lorsque le second repas est entièrement fini.

On aura soin que la feuille que l'on donne aux vers, dans les trois premiers jours de cet âge, soit coupée très-grossièrement.

Aussitôt qu'on a terminé le transport des chenilles, il faut nettoyer les claies avec toute la vitesse possible. On roule les papiers avec la litière, et on les porte loin de l'atelier.

Les vers, encore engourdis, ne tarderont pas à s'éveiller ; on les placera alors sur une claie séparée, comme on a fait lors de la seconde mue.

Second jour. Il faut environ trente-neuf livres de feuilles mondées et coupées grossièrement, que l'on distribue en quatre repas ; les deux premiers seront les plus faibles, les deux derniers les plus forts.

On élargit les bandes de vers.

Troisième jour. Il faut cinquante-deux livres et demie de feuilles mondées et coupées grossièrement ; les deux premiers repas seront les moindres, le dernier doit être de dix-sept livres quatre onces.

Quatrième jour. Il faut cinquante-neuf livres quatre onces de feuilles mondées et non coupées ; les trois premiers repas seront de seize livres quatre onces chacun ; le quatrième sera d'environ dix livres et demie.

Cinquième jour. Il faut donner aux vers vingt-neuf livres quatre onces de feuilles mondées, en se réglant sur les besoins. Le premier repas sera le plus abondant.

Une grande partie des vers s'endorment dans cette journée.

Sixième jour. Il faut six livres douze onces de feuilles mondées, que l'on distribue d'après le besoin que les vers en ont.

Ils commencent à s'assoupir.

Septième jour. Les vers se réveillent et accomplissent leur quatrième âge.

Pendant cet âge, il est utile d'allumer, trois ou quatre fois par jour, de petits copeaux ou de la paille dans les cheminées, et de tenir ouverts les soupiraux supérieurs ou ceux d'en bas.

Si la température extérieure n'est pas froide et que l'air soit calme, on peut ouvrir aussi les portes et les fenêtres.

Les vers à soie ont à craindre trois ennemis principaux :

1°. La quantité presque incroyable de vapeurs aqueuses que produisent, chaque jour, la transpiration de l'insecte et l'évaporation de la feuille ;

2°. Les émanations délétères qui se dégagent continuellement de l'animal, de ses excrémens et des restes de sa nourriture ;

3°. La qualité humide et chaude de l'air atmosphérique.

Les thermomètres, l'hygromètre, ainsi que l'odeur de l'atelier, indiquent positivement quand on doit faire un usage plus fréquent des feux de flamme, ouvrir les soupiraux et faire des fumigations.

CHAPITRE XII.

DE L'ÉDUCATION DES VERS A SOIE DANS LE CINQUIÈME AGE.

Première période du cinquième âge.

Premier jour. D'hier à aujourd'hui, presque tous les vers doivent avoir accompli leur quatrième âge et être éveillés.

La température de l'atelier doit être constamment tenue de seize à seize degrés et demi.

Les vers provenant d'une once d'œufs doivent occuper, jusqu'au terme de leur cinquième âge, deux cent trente-neuf pieds carrés.

Dans le premier jour, les vers doivent occuper cent trente pieds carrés de claies, qui, joints aux cent neuf pieds qu'ils occupaient et qu'on doit nettoyer, forment aujourd'hui les deux cent trente-neuf pieds carrés de claies sur lesquelles les vers doivent s'étendre graduellement jusqu'à leur maturité.

Il faut, dans cette première journée, vingt et une livres de petits rameaux et une quantité égale de feuilles mondées.

On commence à distribuer promptement les jeunes rameaux ou des pincées de feuilles non mondées sur quatre ou cinq claies. A peine les vers sont montés sur les rameaux ou sur la feuille, qu'on les lève et qu'on les pose sur les tables de transport.

Si les vers d'une claie sont presque tous éveillés, et qu'ils suffisent pour occuper, eux seuls, un peu plus de deux claies, en formant au milieu d'elles un espace en long un peu plus grand que la moitié de la claie lorsque les cent trente pieds carrés de claies sont occupés, on doit nettoyer les claies qui sont restées vides; et celles-ci se trouvant aussi occupées, on continue la même opération sur les autres claies, qui resteront successivement vides : on opère ainsi jusqu'à la dernière.

Si, en nettoyant, on trouvait des vers éveillés, on les enlèverait aussi en répandant de la feuille près d'eux, et on les transporterait comme on a fait des autres.

Si ensuite on en trouve encore quelques-uns éveillés, on les prend avec la main, et l'on jette ceux qui se trouveraient encore assoupis. On roule la litière avec le papier, et on la porte dehors.

Dans cette litière, qu'on aura étendue hors de l'atelier, dans un lieu qui ne soit pas humide, on peut trouver des vers éveillés : on les place sur une claie, et on les tient au large dans l'endroit le plus chaud de l'atelier.

L'opération achevée, les vers doivent occuper un peu plus de la moitié des claies qu'on leur a destinées.

Si l'on veut diviser l'opération du nettoiement et celle du transport, on peut le faire en nettoyant la moitié à-peu-près des claies dans la première partie du jour, et l'autre dans la seconde. Dans ce cas, il faut servir un ou deux repas aux vers que l'on ne déplace pas encore ; mais il vaut mieux nettoyer les claies en une seule fois. Trois ouvriers peuvent faire commodément ce travail en moins de trois heures.

Pendant l'exécution du transport, on fait usage deux ou trois fois de la bouteille fumigatoire. Si la température de l'atmosphère est douce et diffère peu de celle de l'atelier, il faut ouvrir, pendant le nettoiement, les portes, les fenêtres et les soupiraux, et faire des feux de flamme. S'il fait froid ou que le vent souffle, il ne faut ouvrir que les soupiraux.

Les vingt et une livres de petits rameaux ou de feuilles employées pour lever les vers leur servent pour un repas abondant ; les autres vingt et une livres doivent se partager en deux repas à six heures de distance l'un de l'autre. En donnant le premier, il faut élargir et aligner les bandes de vers.

Second jour. Il faut environ soixante-cinq livres dix onces de feuilles mondées pour les quatre repas : le premier, qui doit être le plus petit, sera d'à-peu-près douze livres, et le dernier de vingt-deux livres et demie.

Troisième jour. Il faut environ quatre-vingt-treize livres de feuilles mondées : le premier repas, qui doit être le moindre, sera de vingt-deux livres et demie; le dernier, plus grand, d'environ vingt-sept livres douze onces.

Quatrième jour. Il faut à-peu-près cent trente livres quatre onces de feuilles mondées : le premier repas, de vingt-sept livres douze onces; le dernier, de trente-sept livres et demie.

Cinquième jour. Il faut environ cent quatre-vingt-cinq livres et demie de feuilles mondées : le premier repas, de trente-sept livres et demie; le dernier, d'environ quarante-sept livres. On donne aux vers quelques repas intermédiaires, en se réglant sur leur besoin.

Vers la fin de ce jour ou au commencement du suivant, et selon la circonstance, on doit enlever les litières et nettoyer les claies.

Il ne faut donner le dernier repas qu'à trois ou quatre claies à-la-fois, afin d'avoir le temps de lever tranquillement les vers, avant qu'ils ne mangent toutes leurs feuilles.

On opère ce nettoiement en appuyant sur les bords des claies les tables de transport, et dès qu'une feuille de papier est chargée de vers, on la lève et on en fait une seule couche sur chaque table.

Lorsqu'on en a rempli quelques-unes, et qu'on a ainsi levé les vers assez adroitement pour ne pas les blesser, on enlève la litière avec le papier, que l'on met dans les paniers carrés ; on replace les feuilles de papier nettoyées et on y met les vers : il faut continuer de cette manière, jusqu'à ce qu'on ait changé la litière sur toutes les claies.

Pendant cette opération, il faut faire des feux de flamme, ouvrir les soupiraux selon l'état de l'atmosphère, et promener la bouteille fumigatoire. Dans tous les cas, les soupiraux supérieurs, et au moins ceux d'en bas, ou une partie, doivent être ouverts.

Sixième jour. Il faut deux cent vingt-trois livres de feuilles mondées, que l'on sert en quatre repas ; le dernier est plus abondant que les autres. Si toute la feuille a été consommée dans une heure, on donnera quelques repas intermédiaires.

Septième jour. Il faut environ deux cent quatorze livres et demie de feuilles mondées. Le premier repas doit être le plus fort et les autres doivent diminuer progressivement. On donnera, s'il le faut, des repas intermédiaires.

Huitième jour. Il faut environ cent cinquante livres de feuilles mondées en quatre repas, dont le premier doit être le plus abondant, c'est-à-dire de quarante-sept livres ; le dernier sera le plus petit : toujours des repas intermédiaires, s'il le faut.

Dans les derniers jours de l'éducation, on s'appliquera à leur donner la meilleure feuille possible, cueillie de préférence sur de vieux mûriers.

Dans cette journée, on doit nettoyer les claies comme précédemment, plus ou moins vite, suivant que le besoin l'exige; les feux de flamme et la bouteille fumigatoire sont plus nécessaires encore qu'auparavant.

Neuvième jour. Il faut environ cent vingt livres quatorze onces de feuilles mondées; on les distribue en raison du besoin. Les chenilles avancent vers leur maturité.

On doit de temps en temps faire un feu léger, particulièrement pendant la nuit; il faut, matin et soir, promener la bouteille tout autour de l'atelier.

Lorsque l'on fait du feu, on ne doit jamais laisser les soupiraux fermés, afin que l'air se renouvelle entièrement.

Si pour changer l'air intérieur on laissait entrer un air beaucoup plus froid, il endurcirait un peu les vers (chap. III); et il n'y aurait autre chose à faire, dès que l'air intérieur serait changé, que de tenir allumés les poêles ou les cheminées, et de laisser les soupiraux un peu ouverts jusqu'à ce que la température s'établît à environ seize degrés et demi. Bientôt la chenille se ramollira et sera charnue au toucher, ce qui est l'indice d'une santé vigoureuse.

Dixième jour. Il faut environ cinquante-six livres quatre onces de feuilles; on les distribue aux vers en proportion de leur besoin. Si cette quantité ne suffit pas, on en ajoutera d'autres.

Si ce dixième jour ne suffisait point à la complète maturité des vers, on attendrait le onzième.

Dernière période du cinquième âge. Maturité des vers à soie.

La complète maturité des vers à soie s'annonce par les signes suivans :

1°. Ils montent sur les feuilles sans les ronger, élèvent la tête comme pour chercher autre chose ;

2°. En les regardant horizontalement sur une table, ou en les prenant à la main et en les observant à travers la lumière, on s'aperçoit que le corps a une transparence semblable à celle d'une prune jaune ou d'un raisin blanc très-mûr ;

3°. Un grand nombre de vers à soie, tendant la tête, se traînent au bord des claics en cherchant à y grimper ;

4°. Les anneaux des vers paraissent se raccourcir, et la peau de leur cou est toute ridée ;

5°. Leur corps devient d'une mollesse semblable à de la pâte ;

6°. Enfin, si l'on regarde les vers avec attention, on voit que la plupart traînent après eux un fil de soie qui sort de leur filière, et en saisissant ce fil, on peut en tirer un assez long bout sans qu'il se rompe.

L'éducateur diligent doit avoir préparé des fagots ou bouquets bien liés, composés de bruyère, de genêt, etc., pour former des haies, sur lesquelles les vers puissent monter et travailler à leurs cocons (1).

---

(1) Les plantes les plus propres à former les haies sont, parmi les herbacées, les racines de chiendent (*triticum re-*

Première disposition pour former les haies.

A la première apparition des signes que nous avons indiqués, on place les fagots contre les bords intérieurs des claies, du côté qui gêne le moins le service, et on les tient à quinze pouces environ de distance l'un de l'autre.

Les rameaux ou fagots doivent être plus longs que la distance d'une claie inférieure à la supérieure, pour qu'ils puissent se courber en forme d'arc.

On plante ces premiers fagots entre les cannes des claies et non sur le papier qui les couvre, et de manière que les vers à soie qui seront montés ne puissent tomber hors de la claie; ils seront étendus en éventail pour que l'air puisse y passer librement.

Ayant ainsi placé sur chaque claie et à leur angle un nombre suffisant de fagots, les premiers vers qui sont mûrs trouvent facilement le chemin pour monter.

---

pens), la tige de l'anserine à balai (*chenopodium scoparium*), l'armoise vulgaire (*artemisia campestris*).

Parmi les arbustes :

Le séné bâtard (*coronilla emerus*), le cytise des jardins (*cytisus sessilifolius*), le chèvrefeuille velu (*lonicera xilosteum*), et principalement la bruyère commune (*erica vulgaris*).

Parmi les arbres :

Les rameaux de toutes les plantes inermes à branches menues et tortillées, telles que celles de l'ormeau, du châtaignier, du coudrier, du chêne, du bouleau, etc.

On coupe ces branches lorque la feuille a déjà une certaine consistance, et on les fait sécher à l'ombre.

Cette journée demande une attention particulière pour visiter les claies, et si l'on y observe des vers parvenus à maturité, on les met au pied des fagots. On peut aussi placer sur les claies de petits rameaux secs de chêne, d'ormeau, etc. Bientôt les vers mûrs y montent, et on les pose au pied des petits fagots.

Dans les premières trois ou quatre heures, pendant lesquelles on voit distinctement les signes qui annoncent la maturité des vers, il n'est pas nécessaire de se presser beaucoup de les faire monter, parce qu'en restant quelques heures de plus sur les claies ils se vident bien sur leur litière.

Quelle que soit la méthode que l'on suive dans cette opération, il sera toujours avantageux que ces fagots soient bien placés, bien arqués, propres et pas trop épais, afin que l'air y circule librement, et que les vers puissent travailler à leur aise.

Les cinquante-six livres quatre onces de feuilles mondées que l'on a encore en réserve doivent être servies aux vers peu à peu et à mesure qu'ils en ont besoin.

Avant-dernier nettoiement des claies, achèvement des haies, etc.

Dès que beaucoup de vers à soie sont près de monter, on doit s'occuper de l'avant-dernier nettoiement des claies : celui-ci, plus difficile à opérer que le précédent, demande plus d'habileté pour bien appuyer les tables sur les bords des claies, qui sont embarrassées par les petits fagots.

On prend délicatement les vers, et on en remplit deux ou trois petites tables; on lève ensuite les feuilles de papier chargées de litière, et on les vide dans les paniers carrés.

Lorsqu'une partie de la claie est nettoyée, on y replace le papier, et on verse les chenilles dessus en inclinant toujours la petite table; on leur donne ensuite plus ou moins de feuilles, suivant le strict besoin.

De cette manière, trois ouvriers peuvent nettoyer toutes les claies dans peu d'heures.

On aura soin de distribuer les vers en petits carrés de vingt-deux pouces, faisant en sorte que ces carrés commencent du côté où les haies sont déjà établies.

Il faut laisser entre un carré et l'autre un espace d'environ quatre pouces, dans lequel on plantera de la bruyère ou autre plante après le nettoiement.

Pendant tout le temps que dure cette opération, on doit faire entrer l'air extérieur de tous côtés; on l'attire même en faisant alternativement du feu dans toutes les cheminées.

On achève ensuite de construire la haie autour de trois côtés des claies, en plaçant contre les bords d'autres petits fagots entre ceux qu'on a déjà mis, sans ôter le papier de dessus les claies.

Au milieu de la claie, dans les intervalles d'un carré de vers à l'autre, on place de petits fagots, de manière que quatre, réunis ensemble, forment une touffe sous la claie supérieure.

Dès qu'on s'aperçoit que les haies et les touffes de fagots sont presque chargées de vers, on place d'autres petits fagots entre les touffes du milieu et la haie, et entre les mêmes touffes et les bords extérieurs des claies. Les petits rameaux ou fagots se recourbent tous sous les claies supérieures, et représentent de petites allées fermées par la haie, qui en est le fond. Cette contexture leur a fait donner le nom de *cabanes*.

Il faut avoir constamment soin d'approcher des fagots les vers disposés à y monter, donner de la meilleure feuille à ceux qui mangent encore; et s'il en est quelques-uns qui rétrogradent, on les remet sur la voie.

Séparation des vers à soie, dernier nettoiement des claies.

Vingt-quatre ou trente heures après que les vers ont commencé à grimper, et que les quatre cinquièmes, ou plus, sont déjà montés, on lève les vers rétifs et paresseux; on les porte dans un lieu sec et aéré, dont la température soit au moins de dix-huit degrés, et on les place sur des claies couvertes de papier et garnies de haies. On peut aussi faire un petit étage, composé de racines de chiendent, ou de rameaux de l'anserine à balai (*chenopodium scoparium, L.*), etc., sur lesquels on dépose les animaux faibles ou ceux qui tombent du haut des rameaux, afin qu'ils puissent se placer à leur aise et tisser leurs cocons.

Après avoir ainsi débarrassé les claies, on doit se hâter de les nettoyer pour la dernière fois, en prenant avec les mains le peu de litière qui s'y trouve encore, et en ôtant avec la palette ou le petit balai toutes les malpropretés.

Tableau sommaire de l'éducation des Vers à soie jusqu'au 6e. âge, calculé sur une once d'œufs.

AGES.		ESPACE occupé par les Vers sur les claies.		TEMPÉRATURE, échelle de Réaumur.	QUANTITÉS des Feuilles.		TOTAL de la Feuille pour chaque Age.		OBSERVATIONS.
		pieds.	pou.	degrés.	liv.	onces.	livres.	onc.	
1er. Age.	1er. jour.	9	6	19	»	14	7	»	Feuilles tendres, mondées et coupées très-menu, en quatre repas qu'on augmente progressivement. — On élargit les carrés de vers.
	2e. —				1	6			Feuilles tendres, mondées et coupées très-menu, en quatre repas; le premier plus léger, le dernier le plus fort. — Élargir et allonger les carrés de vers.
	3e. —				3	»			Feuilles tendres, mondées et coupées très-menu, en quatre repas.
	4e. —				1	6			Le premier repas de neuf onces; on diminue les autres, si la feuille n'est pas bien rongée.
	5e. —				»	6			Feuilles coupées très-menu.
2me. Age.	1er. jour.	19	»	18 à 19	4	8	21	»	Moitié rameaux tendres et moitié feuilles coupées menu.—Au lieu des carrés de vers on forme des bandes.—Le premier repas est de douze onces, le reste de la feuille se divise en deux repas.
	2e. —				6	12			Feuilles coupées menu, en quatre repas, les deux premiers moindres que les deux derniers. — Élargir les bandes de vers.
	3e. —				7	8			Feuilles coupées menu, en quatre repas, les deux premiers les plus forts. — Élargir les bandes.
	4e. —				2	4			Feuilles coupées menu, à distribuer suivant le besoin.
3me. Age.	1er. jour.	46	»	17 à 18	6	12	69	12	Moitié de rameaux et moitié de feuilles coupées un peu moins; le second repas sera d'une livre quatorze onces.
	2e. —				21	8			Feuilles coupées. — Quatre repas, les deux premiers moindres que les deux derniers. — On élargit les bandes.
	3e. —				22	8			Feuilles coupées. — Les deux premiers repas les plus forts.—Les vers approchent de leur assoupissement.
	4e. —				12	8			Feuilles coupées. — Quatre repas, le premier le plus fort, le dernier le plus faible.
	5e. —				6	8			Feuilles coupées, à distribuer suivant le besoin.
	6e. —				»	»			Les vers s'éveillent et accomplissent leur troisième âge.
4me. Age.	1er. jour.	109	»	16 à 17	23	4	210	»	Neuf livres de rameaux, quatorze livres quatre onces de feuilles coupées grossièrement. — On donne six livres douze onces de feuilles quand les vers ont mangé les rameaux.
	2e. —				39	»			Feuilles coupées grossièrement. — Quatre repas; les deux premiers les plus faibles. — On élargit les bandes.
	3e —				52	8			Feuilles coupées grossièrement. — Trois repas; les deux premiers sont les moindres, le dernier de dix-sept livres quatre onces.
	4e. —				59	4			Feuilles non coupées. — Quatre repas; les trois premiers, de seize livres quatre onces; le dernier, de dix livres et demie.
	5e. —				29	4			Feuilles mondées, à distribuer suivant les besoins; le premier repas sera le plus fort.
	6e. —				6	12			Feuilles mondées, à distribuer d'après le besoin. — Les vers commencent à s'assoupir.
	7e. —				»	»			Les vers se réveillent et accomplissent leur quatrième âge.
5me. Age.	1er. jour.	239	»	16 à 16 ½	42	»	1,281	»	Moitié de petits rameaux et moitié de feuilles mondées.
	2e. —				65	10			Feuilles mondées. — Quatre repas; le premier doit être le plus petit; il sera de douze livres, et le dernier de vingt-deux livres et demie.
	3e. —				93	»			Feuilles mondées. — Le premier repas sera le moindre et de vingt-deux livres et demie; le dernier, de vingt-sept livres douze onces.
	4e. —				130	4			Feuilles mondées. — Le premier repas de vingt-sept livres douze onces, et le dernier de trente-sept livres et demie.
	5e. —				185	8			Feuilles mondées. — Le premier repas de trente-sept livres et demie; le second, de quarante-six livres quatorze onces.
	6e. —				223	»			Feuilles mondées. — Quatre repas; le dernier plus abondant que les autres.
	7e. —				214	8			Feuilles mondées. — Le premier repas le plus fort; les autres diminueront progressivement.
	8e. —				150	»			Feuilles mondées. — Quatre repas; le premier, le plus abondant, sera de quarante-six livres quatorze onces.
	9e. —				120	14			Feuilles mondées, à distribuer en raison du besoin. — Les vers avancent vers leur maturité.
	10e. —				56	4			Feuilles mondées, à distribuer suivant le besoin; si cette quantité n'est pas suffisante, on en ajoutera d'autres.

Direction de l'atelier jusqu'à l'accomplissement du cinquième âge.

Lorsque les vers mûrissent et commencent à grimper, il faut conserver la température de l'atelier à environ dix-sept degrés : si l'air extérieur est plus froid, ou s'il fait du vent, il faut empêcher qu'il ne frappe directement les vers à soie ; il convient en outre que l'air intérieur soit aussi sec que possible.

Lorsque les vers ont versé leur bave, et qu'ils se sont enveloppés de soie, on peut de temps en temps laisser entrer l'air librement.

On peut même laisser tout ouvert, quels que soient la température et le mouvement de l'air extérieur, dès que les cocons ont acquis une certaine consistance.

Si l'on n'observe pas exactement ces règles et ces soins, on court le danger d'éprouver des pertes. Le froid endurcit promptement la matière soyeuse, et le travail de l'animal est bientôt suspendu. Une trop grande chaleur force le ver à verser sa soie plus tôt qu'il ne faut ; elle est mal élaborée et par conséquent plus grossière. (Chap. III.)

CHAPITRE XIII.

DES SIXIÈME ET SEPTIÈME AGES, ET DES MOYENS D'OBTENIR UNE BONNE GRAINE.

Confection des cocons, leur récolte et leur diminution de poids.

Le ver à soie sain et vigoureux, à dater du moment qu'il jette sa première bave, termine son cocon dans trois à quatre jours, se transforme en chrysalide et commence le sixième âge.

Au septième ou huitième jour, on peut détacher les cocons, en commençant par les claies les plus basses et successivement jusqu'aux plus hautes.

On ne doit point jeter à terre les rameaux ou fagots chargés de cocons, il faut au contraire les remettre doucement aux ouvriers chargés de cette récolte.

On détache délicatement les cocons en mettant à part les vers *lâches et mous*.

On vide sur une claie les paniers remplis de cocons; on les étend à la hauteur de quatre travers de doigt à-peu-près, en ayant soin d'en ôter adroitement la *bourre* qui les entoure. Lorsque cette tâche est faite, il ne reste plus qu'à peser les cocons et à les porter au marché le plus tôt que l'on peut.

C'est une erreur vulgaire de croire que, passé un certain nombre de jours, les cocons augmentent de poids, l'expérience nous assure du contraire : dans dix jours, les cocons font une perte de sept et demi pour cent sur leur poids.

Le poids des cocons récoltés dans un atelier bien dirigé correspond toujours à l'espace des claies occupé par les vers; on obtiendra constamment cent à cent trente livres de cocons par deux cent trente-neuf pieds carrés. Que l'atelier soit grand ou petit, le produit sera toujours dans la même proportion.

Choix et conservation des cocons destinés à fournir la graine.

Une bonne graine étant la base d'une bonne éducation, il est de l'intérêt des cultivateurs d'employer tous leurs soins à obtenir eux-mêmes la graine de leurs vers à soie, s'ils veulent être sûrs de sa parfaite qualité.

De quatorze onces de cocons on retire, pour terme moyen, une once de graine. Si l'on veut choisir les cocons, on prend de préférence ceux qui sont couleur de paille pâle, les plus durs, sur-tout aux extrémités, ceux dont le tissu est le plus fin, qui ont une espèce d'anneau ou cercle rentrant qui les serre dans le milieu, et qui sont d'une moyenne grosseur.

Il n'y a point de signes certains pour distinguer le sexe des cocons; nous dirons cependant que les plus probables sont les suivans :

Le cocon le plus petit, pointu d'un ou des deux bouts et serré dans le milieu, renferme ordinairement un papillon mâle; le cocon beaucoup plus rond, plus gros, un peu plus pesant, peu ou point serré dans le milieu, contient le plus souvent un papillon femelle.

On nettoie soigneusement les cocons destinés à la reproduction en ôtant leur bourre, afin que le papillon ne soit point gêné pour en sortir; on met de côté les cocons qui ont quelque imperfection; on sépare, autant qu'on le peut, les cocons mâles des cocons femelles; on place les cocons choisis sur des claies séparées, par couches de trois travers de doigt, dans une chambre qui ne soit point au rez-de-chaussée et dont la température se maintienne de quinze à dix-huit degrés environ. Si la chaleur de la chambre était moindre de quinze degrés, on allumerait le poêle, ou l'on ferait du feu à la cheminée; si elle s'élevait à plus de dix-neuf degrés, on transporterait les cocons dans une pièce plus fraîche; enfin, lorsque l'atmosphère est humide, il est essentiel de les remuer souvent.

Naissance et accouplement des papillons.

Lorsqu'on aperçoit l'extrémité du cocon mouillée, c'est un indice que le papillon est formé : il naîtra bientôt pour commencer la septième et dernière période de sa vie.

Si les cocons sont tenus à quinze degrés de chaleur, les papillons commencent à naître après quinze jours, et si on les tient à dix-sept et dix-huit degrés, ils naissent après onze ou douze jours.

Dans le premier cas, il faut encore quatorze ou quinze jours pour que la totalité des papillons se dégage des cocons, et dans le dernier cas il ne faut que onze jours.

Dans la chambre où naissent les papillons, on ne

doit conserver que la clarté à peine suffisante pour distinguer les objets ; le premier et le deuxième jour, les papillons ne sortent pas en grand nombre ; ils naissent, pour la plupart, dans les quatrième, cinquième et sixième jours, selon la température.

Les heures auxquelles les papillons percent le cocon en plus grand nombre sont les trois ou quatre premières après le lever du soleil : il en naît très-peu pendant les autres heures, si la chaleur est de quatorze ou quinze degrés ; mais il en naît davantage dans le cours de la journée, si elle est de dix-huit degrés.

Il est très-utile de séparer les cocons mâles des cocons femelles, pour éviter que les accouplemens aient lieu sur les tables, et il en résulte en outre, 1°. qu'on les voit de suite et qu'on peut lever plus tôt les papillons accouplés ; 2°. que ceux qui ne sont pas accouplés peuvent rester plus long-temps sur les claies ; ce qui leur donne le temps d'évacuer une portion surabondante d'humeur d'un jaune rougeâtre, qui les surcharge.

Voici la meilleure manière de favoriser l'accouplement des papillons.

Aussitôt qu'on voit des papillons accouplés, on les pose sur des châssis destinés à cet usage. (*Pl. II, fig.* 14.)

L'accouplement parfait s'annonce par des tremblemens du mâle uni à la femelle : alors on les prend délicatement par les ailes, et s'ils se séparent, on les remet sur les claies des papillons du même sexe.

Lorsqu'on a rempli un châssis de papillons accouplés, on les porte dans une chambre un peu spacieuse, fraîche, assez aérée et très-obscure; on place ces châssis par terre ou sur des tables. On lève ensuite alternativement des claies les mâles et les femelles; on les met ensemble sur d'autres châssis, que l'on transporte dans la chambre ci-dessus.

Le mâle, à peine sorti de son enveloppe, agite ses ailes et paraît plus petit que la femelle.

On note l'heure à laquelle on a placé dans cette chambre les tables de papillons que l'on a trouvés accouplés sur les claies, de même que l'heure à laquelle on aura transporté les autres petites tables de papillons accouplés, en prenant les mâles d'une claie et les femelles d'une autre.

Si, lorsqu'on a fini ces accouplemens, il reste quelques papillons de l'un ou de l'autre sexe, on les place dans la petite boîte percée (*Pl. II, fig.* 15), jusqu'à ce que le moment de les unir soit favorable.

Il faut examiner de temps en temps si les papillons se désunissent, pour mettre à part les mâles et les femelles et ensuite les réunir de nouveau.

Les papillons des vers à soie appartiennent à la classe des papillons de nuit ou phalènes; la lumière les inquiète, les trouble, et ils perdraient bientôt leur force vitale, si on ne les tenait constamment dans l'obscurité.

On aura l'attention de resserrer l'espace que les cocons occupent, à mesure que les papillons se développent et qu'on enlève les cocons percés; le papier même qui recouvre les claies devient si humide, qu'on doit le changer, afin que la claie et les cocons soient nets et que l'air de la chambre ne soit pas altéré.

Séparation des papillons, ponte des œufs et leur conservation.

Le papillon mâle doit rester accouplé environ six heures; ce temps écoulé, on prend les deux papillons par les ailes; et on les sépare en les tirant doucement en sens inverse.

Lorsqu'on prévoit qu'on peut avoir besoin de mâles, on ne les laisse accouplés, la première fois, que cinq heures; après les avoir séparés, on choisit les plus vigoureux, que l'on conserve dans la boîte (*Pl. II, fig.* 15), pour les marier, peu de temps après, avec les femelles encore vierges, ou pour s'en servir la matinée suivante, s'il est nécessaire.

Avant de désunir les couples, il faut préparer dans une chambre fraîche, sèche et assez aérée, un linge qui présente une superficicie d'à-peu-près un pied et demi carré pour chaque cinq onces d'œufs que l'on veut obtenir.

On dispose ce linge sur un chevalet (*Pl. II, fig.* 16), en le tenant, autant que possible, perpendiculairement et bien tendu; la chambre n'aura que la clarté à peine suffisante pour pouvoir opérer.

Après cinq ou six heures d'accouplement, comme nous l'avons dit, on désunit délicatement les papillons; on met les femelles sur un châssis; on les porte dans la chambre où se trouve le chevalet, et on les y place l'une après l'autre en commençant par le haut.

On doit tenir une note exacte de l'heure de toutes les opérations.

5.

Le papillon pond, dans les premières trente-six ou quarante heures, la plus grande partie de ses œufs; ceux qu'il verse ensuite n'équivalent à-peu-près qu'au sixième de la ponte déjà faite; chaque femelle verse, terme moyen, cinq cents œufs.

Les papillons sortent de leurs cocons à six ou sept heures du matin; les accouplemens se font à huit heures, et vers les deux heures après midi, on détache les mâles, et l'on pose les femelles sur le chevalet.

Huit ou dix jours après la ponte des œufs et selon la température, la couleur jonquille qui leur est propre devient foncée, se change ensuite en gris roussâtre, et enfin en couleur d'ardoise, qu'ils conservent. Dans quinze ou vingt jours, les œufs parcourent toutes ces nuances et ont alors les caractères d'œufs fécondés. Ceux qui ne le sont pas ne changent point de couleur, et ils ne tardent pas à s'affaisser.

Quelques jours après que les œufs ont pris cette nuance cendrée et que les linges sont bien secs, il faut lever ceux-ci et les plier en plusieurs doubles de neuf pouces de largeur environ; on les place dans un lieu frais et assez sec, dont la température n'excède point quinze degrés dans l'été, et qui ne descende pas au-dessous de zéro pendant l'hiver. On les conserve toute l'année à l'air frais, en les mettant sur un châssis de cordes, que l'on attache à la voûte ou au faîte de la chambre.

Pendant la saison chaude, il faut, tous les dix ou quinze jours et, en temps ordinaire, tous les mois à-peu-près, déplier les linges et les visiter. Les œufs s'altèrent dans un lieu humide, et les vers qu'ils produisent manquent de vigueur.

Le transport de la graine d'un pays à l'autre se fait en la pliant toute détachée dans de petits paquets de papier de demi-once chacun, ou, mieux encore, en la mettant dans des tuyaux de roseau, dont les deux bouts, percés, soient recouverts d'une toile claire, liée autour.

Lorsqu'il s'agit d'un trajet très-long, on ne détache point la graine du linge; on y étend un morceau de mousseline d'égale grandeur; on plie ce linge en quatre, et on couvre le paquet d'une simple enveloppe de papier.

CHAPITRE XIV.

DES VERS A SOIE DE TROIS MUES, ET DE CEUX A COCONS BLANCS.

Les vers de trois mues ne changent que trois fois de peau avant de former leurs cocons. Leurs œufs ne pèsent qu'un onzième de moins que ceux des vers communs; les vers qui en proviennent et leurs cocons sont de deux cinquièmes plus petits que ceux des vers communs.

Dans le premier et dans le second âge, les vers de cette race mangent à-peu-près autant de feuilles que les vers de quatre mues dans les mêmes âges; mais ils mangent, dans le troisième et le quatrième âge, presque autant que les vers communs, et avec plus de voracité que ces derniers.

Il est nécessaire de changer la litière de ces vers à soie le cinquième jour du troisième âge, parce qu'il est un peu plus long que le troisième âge des vers communs.

Leurs cocons donnent une soie plus fine et plus belle que celle des autres vers ; ils sont mieux construits, et le fileur en retire, comparativement, une plus grande quantité de soie ; néanmoins ces cocons sont moins recherchés que ceux des vers de quatre mues.

Leur éducation dure environ quatre jours de moins que celle des vers à soie communs ; on peut en conséquence effeuiller plus tôt les mûriers, épargner du temps et des frais, et l'animal, ayant une carrière plus courte, a moins de dangers à courir.

Il existe aussi une variété de vers à soie qui donnent constamment des cocons blancs, et qui ne diffèrent en rien de tous les autres sous le rapport de la nourriture et de leur régime. La multiplication de cette race serait avantageuse aux manufactures, puisque la soie n'aurait pas besoin de recevoir de préparations pour être soumise à la teinture, et qu'il y a des tissus dont la fabrication exige une blancheur si pure, qu'on ne peut l'obtenir que d'une soie naturellement blanche ; mais les éducations comparatives que nous avons faites récemment nous autorisent à croire qu'ils donnent aux cultivateurs un revenu inférieur à celui des vers à soie ordinaires.

CHAPITRE XV.

DES MALADIES DES VERS A SOIE.

Le ver à soie est un animal très-robuste, soit par sa nature, soit par la simplicité de son organisation ; mais on l'élève généralement d'une telle manière, que souvent il succombe, malgré sa force naturelle.

On ne doit point donner le nom de maladie à l'engourdissement que les vers éprouvent à chaque mue : cette léthargie est plutôt une révolution naturelle et nécessaire, qui annonce leur bonne constitution ; ceux qui ne l'éprouvent pas sont incapables de filer.

Les principales maladies des vers à soie sont :

La grasserie. C'est une enflure générale qui se développe pendant les mues ; on nomme *gras* les vers qui en sont atteints. Ils marchent, mangent, grossissent et ne filent pas ; ils sont plus blancs et plus onctueux que les autres.

La consomption. Les malades sont appelés *passis* ou *harpians* ; ils sont très-faibles, et leur accroissement est moins rapide que celui des autres. Ils cessent de manger, deviennent mous, et souvent meurent étouffés par les autres. Chez les cultivateurs inhabiles, cette maladie fait beaucoup de ravages, sur-tout depuis la troisième mue.

La jaunisse. Elle ne diffère de la grasserie que par l'époque où elle se développe ; c'est vers la fin du cinquième âge, lorsque les vers sont près de filer, qu'elle se manifeste. On l'attribue à l'infiltration du liquide nutritif et de la matière soyeuse; au lieu de mûrir, les vers deviennent enflés, on aperçoit sur leur corps des taches d'un jaune doré.

Muscardine. Les vers deviennent raides et meurent à tout âge, même après avoir commencé ou formé le cocon. Leur couleur, d'abord rouge, devient ensuite blanche. Cette maladie est caractérisée, après la mort de l'animal, par le durcissement de son corps et par une sorte de moisissure qui le recouvre. Nous avons long-temps douté qu'elle fût contagieuse; mais des vers parfaitement sains, que nous avons mêlés à des vers affectés de la *muscardine*, ont démontré qu'elle se communiquait, et il nous paraît même indispensable de désinfecter complétement l'atelier où elle a régné, et tous les ustensiles, avant d'entreprendre une autre éducation.

Outre ces maladies principales, il en est d'autres qui font périr une quantité de vers dans les éducations mal soignées.

Lorsque le temps de la montée s'approche, on en voit de demi-transparens comme s'ils étaient mûrs; mais n'étant remplis que d'eau, ils ne filent point et meurent. On les appelle *vers clairs*.

Si les vers parvenus à maturité ne trouvent pas les cabanes préparées, ou si le temps leur est contraire à cette époque, leurs forces s'épuisent, la substance soyeuse s'épaissit dans leur corps; ils se raccourcissent et meurent sans filer : on les nomme *courts*; dès qu'on en rencontre, il faut les enlever. Quelques personnes les transportent ailleurs dès le commencement de leur indisposition, et en retirent encore une soie grossière.

Souvent on trouve des vers qui sont morts sans le paraître, et qui conservent, dans cet état, leur fraîcheur et l'air de santé; au tact ils sont mous, c'est ce qui les a fait nommer *tripes*, *morts-blancs* ou *morts-flats*.

Le bon cultivateur ne s'obstine point à conserver tous les vers paresseux, faibles, languissans et malades, pour ne point faire une dépense de feuilles et une augmentation de travail presque inutiles. Il vaut mieux faire éclore un peu plus de graine et jeter tous les vers mal constitués ou trop paresseux. (Chap. X.)

Ces maladies proviennent le plus ordinairement de la suppression de transpiration de l'insecte, et nous ne proposons aucun remède pour leur guérison; mais nous sommes certains qu'une bonne éducation, exactement conforme aux principes et aux règles que nous avons exposés, prévient les différentes maladies des vers à soie, tandis qu'il est difficile d'en arrêter le progrès, une fois qu'elles se sont manifestées.

EXTRAIT

DU RAPPORT FAIT A LA SOCIÉTÉ D'ENCOURAGEMENT POUR L'INDUSTRIE NATIONALE AU NOM DU COMITÉ D'AGRICULTURE; PAR M. BOSC (DE L'INSTITUT).

La conclusion que je tire de l'analyse de l'ouvrage de M. Matthieu Bonafous, c'est que c'est un Manuel de l'éducation des vers à soie, plus propre qu'aucun de ceux que je connais à guider sûrement les cultivateurs dans la série des opérations qu'ils sont dans le cas de faire pour obtenir une récolte abondante et de bonne qualité, et qu'il doit être indiqué comme tel dans le *Bulletin* de la Société.

Adopté en séance, le 27 juin 1821.

Signé Le comte CHAPTAL, *président*;
Le baron DE GERANDO, *conseiller d'état, secrétaire.*

EXPLICATION DES PLANCHES.

Planche I.

Fig. 1. Échelle-brouette développée en échelle simple.

B. Saillie ou excédant de la traverse pour former arrêt lorsque l'échelle-brouette est développée en échelle simple, et pour la soutenir au-dessus de la roue lorsqu'elle sert de brouette, *fig.* 3.

Fig. 2. Échelle-brouette relevée en double échelle.

A, *A*. Petites joues ajoutées contre les brancards pour abaisser le centre de la roue lorsque la machine sert de brouette.

Fig. 3. Échelle faisant office de brouette.

Planche. II.

Fig. 1. Thermométrographe. (Voyez la description, page 14.)
Fig. 2. Fer aimanté, servant à l'instrument ci-dessus.
Fig. 3.* Poêle à courant d'air (page 23).
Fig. 3.** La paroi inférieure de la caisse *b*.
Fig. 3. La paroi inférieure de la caisse *c*.
Fig. 4. Grattoir.
Fig. 5. Boîte pour faire éclore les vers.
Fig. 6. Emporte-pièce.
Fig. 7. Crochet.
Fig. 9. Table de transport.
Fig. 10. Caisse de transport.
Fig. 11. Double tranchant.
Fig. 12. Coupe-feuille.
Fig. 13. Panier.
Fig. 14. Châssis pour déposer les papillons.

Fig. 15. Boîte pour conserver les papillons.

Fig. 16. Chevalet recouvert d'un linge pour la ponte.

Fig. 17. Plan du bâtiment représenté dans les planches suivantes; 2, un abri à l'entrée du bâtiment; 3, les soupiraux; 4, le vestibule; 8, les claies; 10, les poêles; 12, la cheminée; 13, côté du levant; 14, côté du couchant; 15, fenêtres.

Planche III.

Fig. 1. Élévation du bâtiment, vu du côté du nord; 1, petites ouvertures pour la sortie de l'air; 2, abris pour les ouvriers (*voyez* le plan, *Pl. II, fig.* 17); 3, soupiraux : ceux qui sont rez terre sont grillés.

Fig. 2. Face du bâtiment au levant; 1, petites ouvertures pour la sortie de l'air; 2, abris pour les ouvriers; 3, un des soupiraux de la pièce intérieure; 15, une fenêtre de la même pièce; 16, fenêtre du vestibule. (*Voyez* le plan, *Pl. II, fig.* 17.)

Planche IV.

Fig. 1. Coupe du bâtiment du levant au couchant; 3, soupiraux; 4, vestibule pour le service de l'atelier, servant aussi de chambre chaude pour faire éclore la graine des vers à soie et les élever pendant les premiers âges; 5, montant fixé dans le sol et contre les chevrons du plancher, ayant dix mortaises; 6, traverses ayant une entaille au milieu de l'épaisseur des montans; 7, coin qui fait emboîter les traverses dans les montans; 9, galerie de bois faisant le tour contre les murs, et formant un pont au milieu pour le service de l'étage supérieur; 10, poêle.

Fig. 2. Coupe du midi au nord; 5, montant; 8, claie; 9, galerie; 11, escalier pour monter à l'étage supérieur; 12, cheminée.

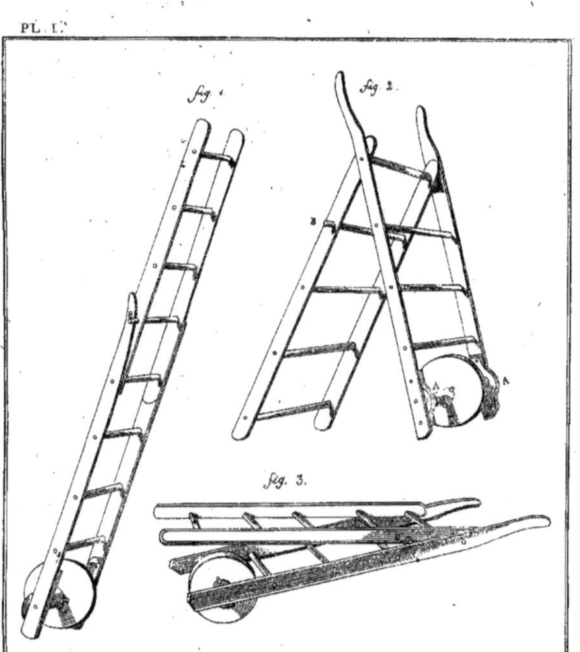
PL. I.
fig. 1.
fig. 2.
B
A
A
fig. 3.

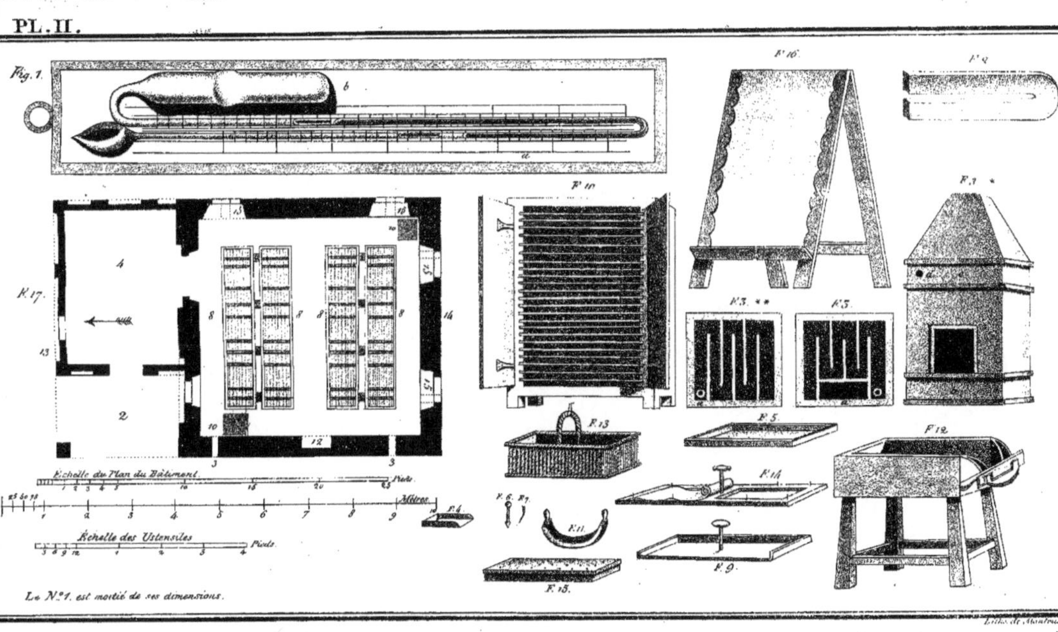
PL. II.
Fig. 1.
Échelle du Plan du Bâtiment.
Pieds.
Mètres.
Échelle des Ustensiles.
Pieds.
Le N.° 1. est moitié de ses dimensions.

PL. III.

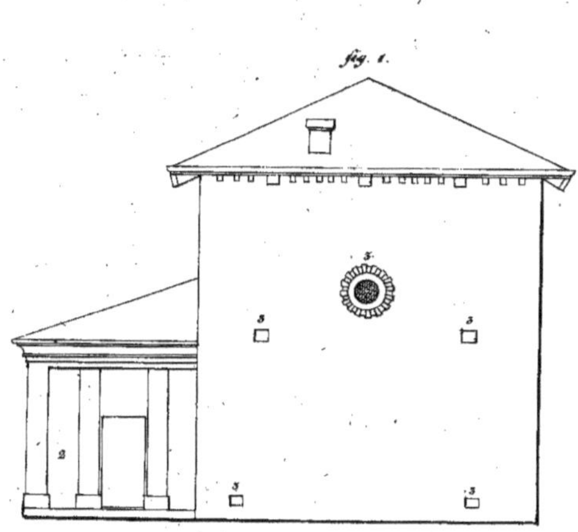

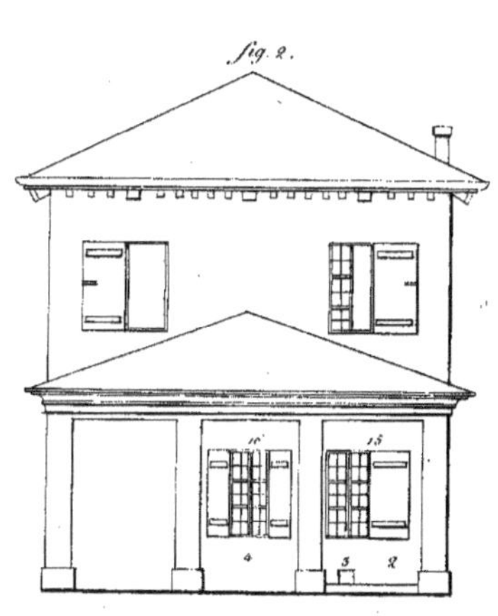

Litho. de Mantoux.

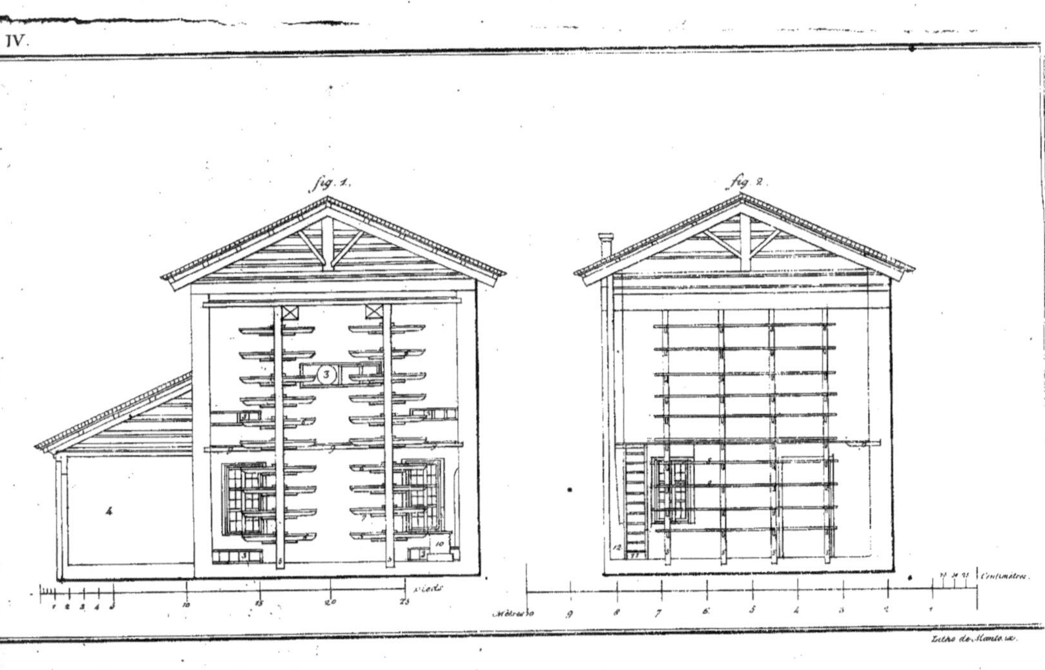
IV.
fig. 1.
fig. 2.
Pieds
Mètres
Centimètres

www.ingramcontent.com/pod-product-compliance
Lightning Source LLC
LaVergne TN
LVHW020413230826
846091LV00004B/1273

* 9 7 8 2 0 1 6 1 4 4 8 8 6 *